疯狂阅读 年度精辑 2

小说馆

主编 杜志建

在失落和痛苦的尽头，
我们总能被一只抚过头顶的手、
一个温柔又炙热的眼神拯救。

漓江出版社
·桂林·

图书在版编目（CIP）数据

疯狂阅读. 年度特辑 2 小说馆 / 杜志建主编.
桂林：漓江出版社，2025. 1. -- ISBN 978-7-5801
-0159-4

Ⅰ. G634.333

中国国家版本馆 CIP 数据核字第 2024RJ8923 号

疯狂阅读·年度特辑 2　小说馆
FENGKUANG YUEDU · NIANDU TEJI 2　XIAOSHUOGUAN

主编　杜志建

出 版 人　梁　志
出版统筹　文龙玉
责任编辑　陈丽君
助理编辑　潘潇琦
书籍设计　马俊洁
封面绘图　ZHOU
责任监印　黄菲菲

出版发行　漓江出版社有限公司
社　　址　广西桂林市南环路 22 号
邮　　编　541002
发行电话　010-85891290　0773-2582200
邮购热线　0773-2582200
网　　址　www.lijiangbooks.com
微信公众号　lijiangpress

印　　制　河南瑞之光印刷股份有限公司
开　　本　787 mm × 1092 mm　1/16
印　　张　10
字　　数　280 千字
版　　次　2025 年 1 月第 1 版
印　　次　2025 年 1 月第 1 次印刷
书　　号　ISBN 978-7-5801-0159-4
定　　价　25.80 元

漓江版图书：版权所有，侵权必究
漓江版图书：如有印装问题，请与当地图书销售部门联系调换

声明

基于对知识和创作的尊重，本书向所选文章、图片的作者给予补贴。因条件所限未能及时联系到的作者，我们在此深表歉意，当您看到本书时，请与我们联系，以便我们向您支付补贴和赠送样书。因篇幅有限，部分文章有删节，敬请谅解。

联系方式：0371-68698015

目 录

我是人间过路客

2	假如流水能回头	/伊朝南
12	黑狗	/不系舟
20	登上那趟无尽列车	/夸黎
30	海棠蚀	/林稚子

曾有星星为我存在

42	冬了	/莫须
51	当时不识月	/水生烟
54	少年游	/温良
62	骤雨不终日	/柒时微

送你一个蔷薇色春天

72	玫瑰错过	/鱼幼薇
82	借年少月光	/与山
91	乌云乌云快走开	/陈小愚

簪花把酒画中仙

102	故东赋	/厌准
112	悠悠数载，一期一会	/凉顾
122	情劫	/冷亦蓝

若我们以光速前行

132	谁杀死了银行大堂经理	/凌肆然
139	追风的男人	/酒二七
150	失败的濒死实验	/被未温

我是人间过路客

我们毕生注定,
无法遗忘生命里那些
疼痛和爱的时刻。

假如流水能回头

✻ 伊朝南

有些秘密隐藏在时间的褶皱里。

1

我很讨厌李为民。

这是真的,并且我很早就知道这一点。

其实我不轻易讨厌别人,因为我深知被人讨厌的滋味。我认识的人看上去都不大喜欢我,其中很可能包括我的父母,不太确定是因为我爸失踪时我还很小,无从考证他怎么想。至于我妈,她身上有一股力量,仿佛随时准备推开我,虽然不知道原因为何,但那肯定不是喜欢我的表现。

李为民不一样,我讨厌他,是因为我有讨厌他的机会。对我来说他是很与众不同的人,他自己不知道。这很可惜,他本应该知道的。

作为响水街的街坊,我和李为民从小学就同校,初中二年级之前我们从没说过一句话。

我不只没和他说过话,和其他邻居也很少往来。问题主要在我,或者我妈。她看不上这些邻居们,认为他们世俗、无聊,她不允许自己以及我跟这些人走得太近。

响水街的大人每天早上都会安排自己的小孩去公厕倒便盆,超凡出尘如我妈也不例外。我在公厕门口遇见过李为民很多次,我们各自端着便盆,一脸丧气地在一个又一个臭烘烘的早晨相遇,眼神一旦触碰就立刻弹开,然后别过头去。

李为民倒便盆的日子没有持续太久,因为他学会了打架,并且很快打出十二巷。

上初中之后不久,他被卷入一次人数众多的斗殴中,那场战斗让他一夜之间"声名鹊起",被冠上"三中最能打的男人"的称号。被人追捧的李为民,再也不会干倒便盆这种有辱身份的事。但作为直线距离不超过50米的邻居,即便失去了每天清晨公厕相遇的机会,我们还是会常常照面。那时他爸总喝得烂醉,李为民一次又一次地架着他穿过十二巷回家。有一次他们一路跌跌撞撞迎面而来,李为民抬头看路时目光不经意划过我，眼神撞上的一刹那条件反射般地低下头，拖着他爸加速离开。我便知道对他来说这也算耻辱。

他也曾见过我的某些时刻，比如，背不出课文，烈日午后被我妈赶去门外的太阳地里罚站，或被其他巷子流窜过来的调皮孩子抓住头发拖在地上殴打，诸如此类尊严丧尽的事。每个邻居都见过，他们默默地关上房门，任我晒得虚脱，任我的哭号在窄窄的巷子上空盘旋。

我们见过彼此最不堪的时刻，但我们有我们的默契，走出十二巷便闭口不提，像交错而过时，在无声中达成协议，要替对方守住这些秘密。

在外我可以做出种种伪装，比如被人孤立，可以伪装成自己性格清高，但在李为民面前，伪装这个行为本身就漏洞百出，也许这就是我最初讨厌他的原因。

那时我很确定，出于相同的原因，他一定也很讨厌我。

2

我妈从小教我搭配衣服时该怎么留意颜色和样式，教我用手绢叠出各样的花朵。我试过把红领巾叠成一朵怒放的红花绑在衬衫的扣眼里，得到她的赞扬。

同学们说我臭美，没人喜欢跟我玩。老师教训过我很多次，说一个小学生不该总在外表上下功夫，会耽误学习。不是我非要跟他们对着干，是我妈坚持认为追求美是一个人的基本权利，但我没法跟老师这么说。最后老师忍无可忍找我妈谈话，我妈伸手拉我在她面前转了一圈，然后很无辜地皱着眉头问老师："难道你不觉得我女儿这样打扮很好看吗？"

她的挑衅让老师目瞪口呆。规劝失败后，所有任课老师都不拿正眼看我。

我在十二巷挨了几次打之后，我妈就把我送去李瘸子那儿，让他教我一点基本的拳脚功夫防身。

那时李为民打架的本领已经初见端倪，没有小孩再来十二巷挑衅，但我妈执意让我每天放学后去找李瘸子，她说"我没能力保护你，你得自己强大起来"。我觉得她只是找个借口推开我而已，她总是很忙，没有太多时间管我。

我和李为民第一次说话是在初二下半学期刚开学的一个下午。李为民留了一级，跟我同级不同班。那天下午他当着很多人的面羞辱了我，说我长得像颗茶叶蛋。

李为民说这话的几分钟前，郑三刀正逼着我跟他谈恋爱。郑三刀说他最看不了女人受冷落，尤其是像我这样出类拔萃的美女。他说的每一句话，包括他下作的表情都很欠揍，但我没有揍他，因为他说的是实情，没人理我也好，孤独无聊也罢，都是实情。我想听听看他还能说出什么。

然后李为民就出现了，说："郑三刀你怎么会看上这颗茶叶蛋？"

我敏锐地觉察到郑三刀带着的几个小弟用力憋着笑，我的尊严如尘埃一样洒落在众人脚下的水泥路上，即将被践踏。我气极了，血液飙向脑门，口不择言地骂回去："李为民，你他妈自己长得跟大马猴似的还好意思说我。"

那是我第一次说脏话，异常流利。如

果被我妈听到的话她肯定会撕烂我的嘴。她说过:"我们身处的环境是泥沼,你得爬出去,还得留意不要被人拽下来。"

李为民没有理会我。他一脸严肃地看着我却对郑三刀说话:"郑三刀你来说说,这女的是不是颗茶叶蛋?"表情和话里都有明显的杀气。郑三刀在我面前那股趾高气扬的态度早消失得无影无踪,手一挥,叫上小弟们跑了。

我妈曾经跟我说,对,又是我妈。她曾经说过,男的没一个靠得住。

我妈认为她24岁之后的人生被我和我爸联手摧毁了,我爸追她时说要为她想要的一切奋斗,她信了。然而结婚以后她发现我爸不会为任何事奋斗,他以单位加班为借口要么在职工宿舍打牌,要么去同事家看电视,总之不愿回家。终于在一次所谓单位组织的登山活动中一去不返。对此我妈没有表现出巨大的震惊,她好像早就知道会发生这一切,并且拒绝承认他有失足掉下山的可能。

那年我妈30岁,我5岁。

很多年之后,郑三刀的逃跑印证了我妈的判断多么精准,男人都靠不住。

李为民面无表情地朝我走来,他身后的太阳已经收拢光芒,只剩下咸鸭蛋黄似的一块圆摇摇欲坠地镶在天边。他步伐平稳,目光穿过我看向前方。我小声安慰自己,不要怕。我师傅李瘸子曾经跟我说过,如果不得已要打架,提前看好逃跑路线非常重要。

面对李为民,我没有什么逃跑路线,逃了今天,明天也会遇上。我只好在原地等着。他逐渐走近,最后在离我半米的地方停下,没有动手,只说了一句话便绕过我继续往前走。

他说:"以后别说脏话了,你不适合。"

他的语气很温柔,我第一次遇到那么温柔跟我说话的男人。

我在原地愣了很久才反应过来,也许他只是想帮我。

3

李为民帮我赶走郑三刀的事很快被传开,带给我一些好处——从此再没人找过我麻烦,也带来一些新的麻烦——被流言蜚语包围。

大家纷纷揣测我和李为民的关系,班上同学对待我的态度不再冷若冰霜,他们面带笑容跟我打招呼,表现得比任何时候都和善。

那些笑我很熟悉,我几乎就在那种暧昧不明的笑容里度过了自己不算幸福的童年。那时人们总带着那副笑容在我面前提起我爸,他们问我很多问题,问我有没有看见其他漂亮阿姨和我爸在一起。然后响水街很快流传着周振光的女儿说见过他跟两个女的胡搞,消息转一圈过几天再传回来,跟周振光胡搞的女人变成六个。

其实我什么都没说。

没过几年,那些街坊又带着同样虚伪的笑容问我:"你妈妈给你找的新爸爸帅不帅?是不是很有钱?"我妈那时候停薪留职从纺织厂出来,在外面倒卖衣服和化妆品赚了些钱,人们纷纷议论她背后肯定有男人,不久就传出那个男人是李瘸子,如果不是李瘸子的背景和关系，不是李瘸子帮她看着孩子，她哪那么容易发起来。

之后的传言愈发不堪入耳，如果碰巧我经过，他们就会给我一个笑容，假装压低声音，又不会太低，必须确保我能听见，继续讨论。

再几年过去，人们终于忘了周振光，放过了他那个又倒霉又能干的媳妇，大家都累了。那时几乎每个国营厂都在裁员，下岗的和即将下岗的响水街居民们纷纷出来做生意，当发现赚钱并没有他们想的那么容易时，他们对我妈这个商业前辈的态度发生了巨大的转变，他们变得很友好，面对我妈时笑容真诚。随着年龄增长，有了长期在外打点生意学会的技巧，我妈也变得圆融，她不再一副清高相，她带着那些人从前看我时的笑容，应对着他们。

这一整套体系，我称之为"虚伪"。

我的这些同班同学像是被自己的长辈们附体，用那种虚伪的笑容向我打探我和李为民的私情，那场景一下子将我拉回童年。我早就放弃了解释，我维持着自己的清高和他们保持距离。像我妈曾经做过的那样。

不久之后李为民找我，他把我堵在十二巷的巷口，说我欠他一句谢谢。因为传闻的事我心情不是很好，为了尽快打发他，我漫不经心地说："谢谢。"要走开时，他拽住我的衣袖不放，他说："只嘴上说说可不行。"他看着我，似笑非笑。

我很疲惫，看着他的脸，僵着场面静静等待。过了大概一分钟，他低下头说："你能，帮我补课吗？"

我以为自己听错了，疑惑地看着他。

他说："我不能再留级了，必须得考上高中，不然只能去轴承厂接我爸的班。"他态度很谦卑，不像是恶作剧。

"为什么是我？"

"因为你学习好啊，"他脱口而出，停顿了一下又补充，"还有一个原因，这件事我想保密，不想被人闹哄哄地当谈资，学习好又能保住秘密的人，我只认识你。"

我认真地想了想，回答他说："我回去问问我妈。"

我妈既没有表现出惊讶，也没有表现出抗拒。她盯着我看了一会儿，叹口气，点头答应了。

"但是得有条件，"很快她补充道，"每次补课，他爸妈必须有一个在场，如果做不到就算了。"

4

李为民能考上育才高中让很多人意外。

成绩出来那天下午，他爸妈给我们家送了好多吃的。

我并不认为自己帮了李为民多大忙，如果他自己没那个心，外人多努力都没用。最重要的是，帮他辅导的那一年半，也是我生平过得最舒畅、温暖的一年半。要说帮忙，我们算是互相。

我们一起学习那一年半里，如果他妈在，就时不时地端点切好的水果或点心放桌上，轻轻来轻轻走，生怕搅扰我们。如果是他爸，就隔一阵子给我们手里塞个小零食，有时候是虾条，有时候是大刀糖，总之花样无穷，不容拒绝。他家家具很多，乱糟糟地挤在总共不足40平米的房子里，特别有生活气。不像我家，任何时候都空荡荡冷冰冰的。

初三开学前那个暑假，有天下午给李为民讲完题让他自己复习，我坐在一边看着书，抵不住困意阵阵袭来，倒在沙发上睡过去。醒来时已经黄昏，肚子上不知道什么时候搭了一条毛巾被，风扇嗡嗡地从我侧边送风过来。他妈在厨房叮叮当当做饭，他爸在旁边帮忙择菜，两个人你来我往地说几句无关紧要的话，李为民歪在沙发另一端看电视，是个闹哄哄的武打片。那个时候我意识还没完全清醒，看到这样的画面蒙眬间有一种莫名的冲动——我想要一个这样的家。那股冲动强烈到我几乎是立刻哭了出来。

李为民听到响动问我怎么了，我说没什么，做了一个特别悲伤的梦。

和李为民的家人接触并没有让我堕入低俗，他们没有把我拽向泥沼，相反，是他们拉我走出极寒之地，让我接触到另一种人和人之间的相处模式，不是只能敌对，也不是非要分出高下，人和人，也可以温暖地相互拥抱。

随着中考结束，那样的日子也结束了。

有天我妈带我去玫瑰花园，我才知道她在那儿买了套二手房。

玫瑰花园距离育才高中不到300米，周边都是高档小区，马路干净整洁，连路边的树木都很争气，繁茂得整齐划一，和响水街比，简直一个天上一个地下。我妈买的是一个三室一厅，里面家具齐备，装修得很精美。

她很得意，问我怎么样。

我说："我们这算是爬出泥沼了吗？"

她大概没料到我会这么问，想了会儿才回答："有的泥沼在外界，有的泥沼在心里，不好妄下定论。"

搬家那天，李为民一家三口都来帮忙，李瘸子也来了，因为大件都不拿，只收拾细软，人手一多显得没活可干。李为民出人意料地考上了高中似乎也没多兴奋，丧眉耷眼地来，看没什么事又丧眉耷眼地走了，整个过程没有跟我说一句话，好像我是空气。

我讨厌那种感觉，讨厌自己假装不在意。我以为我和李为民是朋友了，最心意相通的那种，但看来是我自己的一厢情愿。

我心不在焉地清理不要的书，把书搬往巷子时，看见在那儿抽烟聊天的李瘸子问李为民他爸："这么说他知道了？"那边点点头："哎，这种事情本来就瞒不住，没事儿，小孩子脾气，闹过了这一阵就好了。不过说实话，我跟他妈也后悔，当初不该那么狠心……"

他们在说李为民，我想多听点，手上的动作放得格外慢。还没听出个所以然我妈就在屋里叫我，让我把不要的衣服也挑拣出来放在门口。等我收拾好再出去，他们已经在聊轴承厂改制的事了。

一切弄妥当还没过中午，行李不多，李瘸子开着他的"金杯"送我们。

印象中，李瘸子是第一次来家里，他平时跟我妈也没有太多接触，但我妈一上车，浑身上下立刻释放出一种非常自在的状态，那是一种懒得花力气聚拢精神的放松感。我瞬间明白他俩其实很熟。以前听过的那些传闻又在我耳边回荡，我细想了一下，他们如果真的在一起，也挺好。

李瘸子帮我们把东西搬进屋，归置好，又请我们在附近一家装修很豪华的餐馆吃饭。吃完饭天已经彻底黑了，他送我们到楼门口，转身准备离开，我叫住他。

"叔。"那是我第一次叫他叔，以前我都叫他师傅。我说："叔，以后没事儿多来看看我妈。"话落音又想我一个小辈说这些不太妥当，赶忙补一句："还有我。"他和我妈对看了一眼，对我点点头。

5

李为民上高中之后低调了很多，我总觉得他经历了什么事，以前嚣张自由的精神头仿佛都被抽空了。

他偶尔会来我班上找我，站在门口叫我名字，周桃。然后冲我扬扬下巴示意我出去。上高中之后他又长开了些，眉眼更加英挺俊朗，像个情种。只要他来找我就有人起哄，我从没解释过什么，倒不是出于清高，而是因为我有点享受那种误解，不管是误解我有老朋友，还是误解我有男朋友。

他总是有题要问才找我，后来我就很烦，我认为这么久了，他总该跟我聊点别的。有次我冲他发牢骚，我说："你怎么不问你自己班上同学？"他愣了一下，不好意思地用笔端挠挠头说："听你讲听习惯了。"他表情无辜，看得人心疼。

那时我还不知道他在给梁青禾献殷勤的事。虽然上高中之后我把自己打开了一些，但长久以来保持的习惯让我很少去关注学习之外的事情。

高二分文理班，我和李为民都选了理科，并且都被分到五班。他主动跟老班要求跟我坐同桌，老班问我意见，我没有拒绝。

那段时间下了晚自习只要没其他事他都会送我到小区门口。我们开始像真正的朋友那样相处，话题里不再只有学习、考试。

我发现自己比想象中还要了解他，天蝎座，打架擅长用直拳，最喜欢的明星是李小龙，上高中之前不会打篮球，对上大学的渴望异常强烈……

有次他问了我一个很奇怪的问题，他说："如果谈恋爱了，你希望对方怎么称呼你？"

我说："不知道。"

他说："我希望我心爱的人叫我……为民宝贝。"

我不可思议地看着他，他继续说："你觉得恶心对吧，那是因为你没有谈恋爱，等谈恋爱了，你就只会觉得甜蜜。"

那段时间我成绩下滑得很厉害，期中考试开完家长会，我妈跟老师和李为民他爸聚在一起嘀嘀咕咕不知道说了些什么，第二天我们俩就被调开了。那之后李为民很少再送我回家。

我是在事情传得沸沸扬扬的时候才听说李为民从高一起就在给高我们一级的女生送礼物。那女生叫梁青禾，我打听着去看了一下，身材高挑，眉清目秀，李为民会喜欢她不奇怪。

高二期末考试，我的成绩比上一次更差，我妈为此特地跟我谈了一次话。那是她第一次也是唯一一次为学习的事情找我谈话。

她跟我讲了一些过往，故事很俗气：成为瘸子之前的李天炜是响水街名头响当当的人物。他们在街边偶遇，书香门第出身的女孩抵挡不住痞子气男生的攻势，打着追求自由和爱情的口号，不惜和家人翻脸，跟他来到响水街，谁知没过多久，李天炜遭人暗算，被十几个人围殴，瘸了一条腿。养好伤后，他无颜继续留在响水街，撇下女孩，悄无声息地跟他当初跟过的一个老大去了广州。伤心之余，女孩在众多追求者里选择了一个看上去老实可靠的男人。

"没想到你爸也跑了。"我妈很平静地说，"那时看见你我就想起你爸，想起你爸我情绪就崩盘，他真的是个骗子，彻头彻尾的骗子。"说到这里她停顿了一下，然后像是下了很大的决心继续说："其实后来你爸回来过一次，被你李叔找回来的，我跟他说要么好好过，要么痛快离，他选择痛快离，离完婚当天就又消失了。你李叔看这个情况，就回到了响水街。他对我有愧疚，想补偿，我就利用他的愧疚，那几年靠着他的门路我拼命地赚钱，杂念放到一边，专注做手头的事，才有今天。"

"那感情呢？"我问，"李叔这么多年对你付出的感情，难道都是杂念？"

"取决于你要的是什么。"她果断地说，"但不管是什么，如果没把握留住你想留的人，就想办法留住自己的心。我们不能总等着别人来爱自己，自己要先学会爱自己。现在你爱自己最好的方式就是好好学习，给未来铺条好路。"

我没想到我妈最后的落点在这里，她真不该当我妈，她应该去打辩论。

6

那些日子我身上总装着一部随身听，不看书的时候就翻来覆去听张楚的《孤独的人是可耻的》，那首歌很萧瑟，像秋天抓不住树干的黄叶在风里飞。我很喜欢那句：鲜花的爱情是随风飘散，随风飘散随风飘散，他们并不寻找并不依靠，非常地骄傲。我从前也是很骄傲的，后来我没看住自己的心。

我讨厌李为民。

至少有一点我妈说得对，我得给自己的未来铺路，我得把被李为民拉走的注意力再扯回来。我重新把自己包裹起来，屏蔽一切跟学习无关的事，这是我最擅长的，我还擅长学习，成绩很快恢复到原有的水平。

但思想总有抛锚的时候，有时上着自习，曾经在李为民家和他一起坐在书桌前看书的场景，他在夕阳下走来跟我说以后不要说脏话的场景，他在巷口堵着我让我辅导他学习的场景，会突然涌进脑海挥之不去，他的脸远远近近，逼得我无法呼吸。我只能戴上耳机走出去，在学校花坛边的草坪上躺下，闭上眼睛深呼吸，睁开眼睛看星星，濒临崩溃的情绪就会慢慢重新聚拢。

有一次当我睁开眼，李为民就坐在我

身边，他看着我，我来不及躲闪，只好也看着他。我们就那样静静地看着对方。那一刻我觉得他是喜欢我的，他比这个世界上任何一个人都了解我，他的心就放在我的心旁边，一起跳动。真的，我确信事实就是这样，从小到大我没产生过这么强烈的依恋感。我看着他，眼泪几乎要夺眶而出。

然后猛地一下，我想起梁青禾。下午在走廊听人说，李为民给在外地上大学的梁青禾寄的钱被退到学校收发室，后面还说什么姐姐之类的，我没能再集中注意力听下去。

想起梁青禾，我跑远的理智以光速回归，是啊，怎么会呢？两情相悦这么美好的事怎么会发生在我身上？我以为我是谁？

我坐直身体，扭头对他微笑，起身，回教室。

那时还有三个月高考，后来那段时间我妈说服老师让我在家复习。

我高考成绩不错，报了首都一所一本院校。填完志愿那天，李为民约我在学校附近一家小餐馆吃饭。我没有拒绝。

时值放假，餐馆一共就两桌客人。

我们都不是擅长打破冷场的人，沉默了好久，他才找出话题问我将来有什么打算。我说没什么，上完大学继续考研，也可能大学毕业就工作了。

"那……恋爱呢？没有喜欢的人吗？"

"没有。"

又是一阵沉默，他说："我有喜欢的人。"

我想说："我知道了，不就是梁青禾吗，你追了这些年，姐弟恋闹得尽人皆知，辛苦你了。"但我什么都没说，看着窗外。

"她和别人不一样，在我们粗鄙的环境里显得优雅、洁白。一开始我想为了她变得更强，后来我想为了她变得更好，我想获取并排站在她身边的资格。我们第一次说话时，我下了很大的决心，后来我终于接近她，有机会看到她心底的朴素和纯良。我想一直留在她身边，跟她分享我所有的秘密，永远和她在一起。可她让人捉摸不定，暖起来像春风，冷的时候又像块寒冰，如果她不喜欢我，我又该怎么办，你说我是不是应该继续追逐？"

真的很可笑，他都要追到大学去了还来问我要不要继续。其实我很想问他："是梁青禾吗？"几乎要脱口而出的时候忍住了，我怕听到那个显而易见的答案，我怕多此一举反而让自己当着他的面崩溃。

我冷冷地说："你不是正在继续吗？"

他没再说话，我们一直沉默到饭吃完。

回家路上我想起他曾经问过的那个傻问题，后来我想到了一个答案，但一直没机会告诉他。

我说："小桃子。"

他诧异地抬起头说："什么？"

我说："我希望喜欢我的人叫我小桃子，要用很宠溺的那种口吻。"

说完我意识到不能再继续，我感到一股力量正在由内而外地将我撕裂，将我摔进空气里。我压制着自己的情绪跟他说再见，一路跑回家，我不顾路人的好奇止不住地号啕大哭，一直哭到进了家门。

李瘸子正在帮我妈换衣柜门，见我进门脸色不对，立刻放下手里的活，追过来问我被谁欺负了。我妈拦着他，冲他摆摆手，好像她什么都知道，她什么都懂。我烦透了这些，我烦透了我妈一副无所不知却从不干涉的样子，我烦透了我经历过的一切，我朝他们咆哮："你们这样累不累，明明相互喜欢，就非不认，明明有条件在一起，就非要折磨着彼此，为什么不知道珍惜，为什么呢？知不知道这个世界上有多少人没有你们这么幸运？"

我跑回卧室把门反锁上，他们两个大概被我吓坏了，一直到吃晚饭时才小心翼翼地敲我房门。其实我当时已经好了，漫长的一个人生活的时光里，我早学会了怎么快速修复自己的情绪。只是下午崩溃成那样，觉得有点尴尬，不知道该怎么面对他们，就没回应。

过了好一会儿，我妈的声音传进来："周桃，不是我们不珍惜，可时间能抚平的伤痛很有限，我得自己治好自己心里那些障碍才能接纳……"

"你说那都什么啊，孩子能听进去那个？"李瘸子训完我妈，换了一种很柔和的语气跟我说，"桃，我跟你妈其实在一起有段时间了，就是不好意思开口跟你说，我们挺好的，咱不伤心了行吗，出来吃饭，啊？"

我打开房门，看着他俩说："真的？"

他们同时点点头："真的。"

7

去领录取通知书那天，我走出学校门口时，李为民追了出来，踌躇着递给我一盘磁带，是张楚的专辑，看上去是新的，但外面那层塑料膜已经被拆开。

"提前祝你生日快乐！"他说。

"明天就是我生日，为什么不能明天祝？"

"因为明天我想跟我喜欢的那个女孩表白。明天……你会来的，对吧？"

真会挑时间，我去干什么，该我庆祝生日的这天，去看他告白成功跟梁青禾成双成对，还是看他告白失败去当他的安慰剂？

他真的很自私，真的，这个李为民，叫我怎么能不讨厌他。

我说："看情况吧。"说完转身走了。

回家后我打开李为民送的那张专辑，一张纸条跟着磁带飘了出来，上面只有简短几个字：小桃子，明天一定要来哦。

我真是受够了，不知道他这么做到底意欲何为，只觉得他不仅自私还残忍，我不相信他一点都没发觉我喜欢他，还是说，因为仗着我的喜欢他才这么肆无忌惮地对我。就算他真的不知道，我又有什么义务去见证他的爱情？

于是我下定决心要把李为民清除出我的生活，没到开学时间就坐火车离开家乡去了首都。我本来就没什么人脉，只要我不主动，谁都联系不上我。我确信李为民从此不会再出现在我的生活中。

他真的就再也没有出现。

大学以及之后的生活都是按部就班，没有什么波澜。我谈过几次恋爱，男朋友们无一例外都在分手时评价我心如寒铁暖不热，我也知道问题在我，却从没想过要去解决。

我始终没有结婚。

值得一提的是，从前不擅长跟人交流

的我，工作后没几年竟然被调到外联部门，并且干得风生水起。我找到一种接通自己和外界的方法，就是讲我曾经最不愿意提起的那些往事。

但我也不是无话不说，我从没提过李为民。我不想让他也变得归属模糊，换个名字成为别人的过往，我不想把他倒出来，无论他喜不喜欢我，他都是那个在我漆黑一片的生活中陪伴过我的人，他是我的伴侣，唯一的。他点亮过我的生活，我会永远把他藏在心底，就像当年我们心照不宣为彼此藏着十二巷的颓丧生活一样，这次是我独自，用一生秘守那段关于他的过往。

然后，时间以留不住的速度飞快掠过。

去年夏天我妈和李瘸子，哦不，应该是我继父，商量着搬来和我一起住。他们在变老，我年龄也大了。我妈说，不结婚没关系，我们还有个家，我们能相互照应。我想似乎除了帮李为民辅导的那一年半，我几乎没有感受过家庭的温暖，就答应了。

我很喜欢一边上网一边听他们聊往事，东一耳朵西一耳朵的，又琐碎又真实。

梁青禾这几个字跳进耳朵的时候我毫无防备，当时我正盯着屏幕看吴倩莲和黎明那个版本的《半生缘》，不太理解相爱的人怎么可以因为那么愚蠢的失误错过。我正沉浸在别人的爱情悲剧里，梁青禾三个字就猛地灌进来，我还反应了一下，然后猛地从凳子上转了个身，我说："爸你刚说什么？"

"就那个送出去的闺女梁青禾啊，老李也是，当初咬咬牙到处借点钱交了罚款，怎么都能把两个孩子拉扯大，目光短浅把闺女送出去。这下好了，现在肠子都悔青了。对了，那小伙子李为民，不是你同班同学吗，确实是个好小伙子，听说当年知道这事之后，打听到他姐过得拮据，背着他爸妈变着法地接济。另一家以为他们想把女儿认回去，就去闹，说当初说好的……"

我脑子空白了一下，一幕一幕的往事在眼前过电影一样不断闪现，我一直以为我的命运是条笔直的线，一目了然，从未出现岔路地延伸到现在，然而关于李为民，如果梁青禾是他亲姐姐，那他说的那个他要去表白的人……

小桃子，明天一定要来哦！

小桃子……当初我怎么忘了这个。我感到已经走过的那段我曾以为一目了然的路，在20年后的这一天突然起了一个小小的褶皱。我坐在床头努力回望，看见无数的褶皱接踵而来，它们隐藏在我不肯轻易妥协的自尊里，每一个都和李为民相关。

他当然是爱我的，也许比我爱他更深邃。

差不多20年过去，我觉得我已经想明白了很多事，但还是不能很轻松地面对这种毫无道理的失误。究竟是哪个环节出了错，是他，还是我。

我开始心生抱怨，为什么他不能直说，为什么我不能一边学习一边留意周围的八卦，为什么我们有那么多的机会却没有珍惜，为什么我没有跟随便哪一个同学保持联系。

我讨厌这种感觉，它让我早已尘埃落定的心又重新被卷回风中。

这就是我讨厌李为民的全部原因。

黑狗

✿ 不系舟

我在一片一望无际的草原中见到了小小的卢斐。

一只巨大的黑狗围绕着她,黑色的雾气包围着小小的女孩。

× × ×

1

我又一次逃掉了体育课,跑到厕所去洗自己的校服外套。那件宽松的外套不是棉布的,一旦沾上颜料的颜色,就很难清洗干净了。

水泅湿了外套,连带着那大块大块的颜料都变成了一道道晕染开的色团。我狠狠地搓洗着,与其说是在洗衣服,不如说我是在折磨这件衣服。我紧紧抿着唇,死也不让泪水落下来。哭了就是输了,我才不要让那些同学再看笑话。

一阵冰凉的气息忽然漫了过来,我的动作顿了顿,余光扫见了一片黑色。是黑狗,它嗅见了泪水的味道,就跟了过来。

此时,它正在看着我,呼哧呼哧地喘气,爪子颤抖,像是马上就要扑上来了。

我开始拼命回忆着快乐的事——我和爸爸妈妈团聚了,从小村庄到了大城市;我考了班级第一名,作文成了被贴在墙上的范文;我有了新的朋友……不,别想这个!可是思维却不听我的阻止,像是顺着朋友这条线接二连三地串起了珠子。这件衣服是被谁故意洒上颜料,背后谁在说三道四,谁的冷言冷语和抱团排挤。

我想再去想些别的快乐的事,可是已经来不及了,黑狗已经动了。

它没有猛地扑上来,而是先绕着我转了个圈,在我身上嗅闻着,轻轻蹭着。我知道,它在找地方下口。被黑狗碰到的地方传来阵阵刺骨的冰冷,它终于张开了嘴巴,轻轻在我手背上咬了一口。不痛,可我刚刚想起的那些快乐记忆好像一瞬间被抽空了,剩下的都是无力感。

四周好冷，我穿上了还湿淋淋的外套，慢慢走出了厕所。

潮湿的外套理所当然地引起了班里所有同学的注意。他们在小声交谈着，声音絮絮的像是风吹过草丛时花朵们的笑声。其中尤以徐小颖的声音最亮，她在说："你们看啊，季雨青又来博人眼球了！"

虽然我没有看向她，但是我几乎马上就在心里勾勒出了这个女孩此刻的样子。她夸张地大笑着，眼睛眯成了一条线，鼻子一皱一皱的，带着上面的几颗小雀斑都要飞起来了。

黑狗就在我的旁边，每当此时，它都会一声不吭地望向我，好像在等我伤心。我伸手摸着它的头。

"季雨青这个怪胎又在摸空气了？她是不是有什么病啊。"一句句带着嬉笑和讥讽的话刺溜一下钻进了我的耳朵，我像是被烫了一下一样缩回了手。黑狗又直起了身子，像是要来嗅闻我的难过。

我在心里拼命大喊着，不要来，不要再靠近我了。黑狗却只会抬起那双雾一样的眼睛看着我，让我像只被粘住翅膀的飞蛾，拉着我继续下坠，直到触到泥浆的底。

2

今天去医院探望老师，她不小心摔伤了手。站在医院里，我才发现这里几乎人人都有一只黑狗，简直像是进了黑色的丛林。有些人的狗只是个小崽子，有些人的狗都快赶上人大了。

有小狗的人脸上常常还是带着笑的，有大狗的就有些愁了，而狗最大的那个人则面无表情，靠在墙边。他手里的报告不知道是不是一种封印，让一个大活人都变成了木偶。

一个声音却打乱了我的思绪，我听到后面有人惊叹："好大一只狗。"

我愣住了，看了过去。那是个拄着拐杖的女孩，她有一头如瀑布般的长发，素面朝天，却带着一种恬淡的美丽。

让我愣住的不是容貌，而是这个女孩身边空无一物。她发现了我的愣怔，向我一瘸一拐地走了过来，目光往下一落，就看到了我的狗。她笑了起来："你为什么也会有一只黑狗呢？"

我不知道。黑狗不知道什么时候来到我身边的，也许是某一天，也许是某一个时刻，它突然出现了。我从一开始怕得要死，到现在已经习惯了应对它，但自始至终未改变的是我对它的厌恶。

在最初黑狗出现时，我怕得不知道该怎么办，只能选择告诉当时最好的朋友徐小颖。

但是在我告诉她之后，她却忽然皱起了眉，第一次用一种陌生的目光打量着我："你在说什么，哪里有狗？我怎么没看到。"

我指了指墙角，想要和她说黑狗就在那里。她却忽然尖叫了一声，推搡着我出了门。从那之后，她似乎猛然从友情中醒了过来，在班上针对我。

这些话我却不会告诉这个只是萍水相逢的女孩。在看到我似乎想离开时，她忽然叫住了我："嗨，我叫卢斐。我们做个交易怎么样？"

我觉得我一定是疯了才答应卢斐的交

易。现在她拉着我开开心心地上了街，在陪她逛到第三十二家商店时，我终于忍不住郁闷开口了："为什么要让我对你爸妈撒谎？"

"撒什么谎？"她回过头看着我，笑嘻嘻的，"我原先没一个朋友，现在有了一个你。你可不就是我最好的朋友？"

"你怎么可能没朋友——算了，这不重要，你打算什么时候帮我赶走它？"我不想关心她有什么隐情，只想赶紧解决麻烦。

"你是说小黑吗？"卢斐神秘兮兮地向我伸了个拳头，"你先猜这是什么。"

她又展开手，掌心躺着朵娇艳的花，笑嘻嘻地递过来："送给你。"

卢斐快乐的样子让我十分烦躁，我拍开她的手，又重复了一遍："我不想猜！我按照你说的交易，骗你爸妈说我是你的好朋友，让你出来玩了。那你是不是也应该帮我赶走这只该死的狗！"

她神秘地笑了笑："我有一整套秘术，你必须按照我说的去做才行，这个时间非常长，你如果坚持不下来的话就前功尽弃了。"我心里的烦躁感奇异地降下去了不少："要怎么做？"

"我先告诉你黑狗是怎么形成的。你有没有受到过什么重大打击？据我观察，就像那个男人一样，他手里拿着的是中心医院的生化报告。一定是结果不好，黑狗才会出现。所以，不健康的人身边往往伴随着黑狗。"

"你是说我得了绝症？"

"笨啊，哪有你这么健康的绝症病人。我比你看起来更像得绝症了好不好？"卢斐翻了个白眼，配着她瘦削的身体和苍白的脸色，确实是她身体更差。卢斐点了点我的胸膛："是你这里不健康，你的生活过得快乐吗？"

我不想回答这个问题，我觉得用快乐与否来定义生活很无聊。但是我心里还是有个声音在大叫着"我不快乐"。

卢斐也看出来了，她笑着说："这就是问题的关键，你可以假装自己很快乐，但是你始终没办法欺骗自己，更没办法欺骗黑狗。"

我有些失望，我如果能开心起来，我就不需要别人来赶走这只该死的狗了。

"所以你需要我来帮你啊，好了！按我说的做，明天你放学后就赶紧来接我，我带你去个好地方！"卢斐笑嘻嘻的，看起来一点都不靠谱，我甚至都有点怀疑她根本没法子帮我，只是想出来玩罢了。

我把她送回了医院。在分别时，她忽然蹲了下来，有些怜悯地摸了摸蹲在我脚边的狗，轻声说道："别把它视为灾难，它也不想这样的。"

3

第二天一整天在学校我都有些心不在焉，就连徐小颖说的难听话我都没往心里去。脑子里想的都是卢斐要带我去哪里，又有什么办法赶走这条附骨之疽一样的狗。

晚上放学，我迫不及待地去找卢斐了。到的时候她正对着墙发呆，看到我来了才露出个笑："快走吧，我还以为你不来了呢。"

她拄着拐杖，带着我慢悠悠地穿过医院后面的小路，走了大概十来分钟，绕过几个嘈杂的居民小区，就看到个三层高的小楼。

"世纪大剧院？"我看向卢斐，"来这里做什么？"

"你还不知道吧，我可是很会跳舞的。"卢斐得意地说，"今天带你长长见识。"

临近傍晚的剧院里暗无灯火，卢斐不知道是怎么找到的路线，她带我从拐角一个生满了锈的小偏门钻了进去。

她看起来对剧院极其熟悉，哪怕靠着微弱的光也能一路摸到舞台。不知道打开了哪个开关，几束灯光骤然照亮了这空无一人的舞台。

"你会跳舞吗？"卢斐看着舞台，忽然开口问我。

"不会。"

"那我教你，你试试呗？"她放下了拐杖，靠在柱子上，抬起了手，"这是芭蕾手位的一位。一位手在髋。"

她努力挺直了脊背，脸上带着自信的笑给我演示了一遍芭蕾手位的一到七位。

"表演一遍。"她晃了晃我的手，"你把刚才的手位表演一遍给我看，好不好？"

"不可能，我没学会。"我撒谎了，其实我学会了，但是我不愿意表演这种我根本不擅长的事。哪怕当着一个人的面，我也不想出丑。

"你学会了，你这么厉害，让我看看好不好？求你啦。你一定可以的。"

她一直拉着我，大有我不答应就不放手的架势。我实在受不了了，只好说："只有一遍。"

我爬到了舞台上，那几束灯光为我打下了一个圆圈一样的光环。我站在光环里，和着她轻声哼唱的歌，生疏地抬起了手。

一位手在髋，二位肘向上，三位过额前……我僵硬地转换着手势。

"腰背挺直！"卢斐的声音从台下传来，她的声音不知不觉变得有些严肃。

我尝试着挺直了腰，打开了背，微微抬高下巴。这个姿势很陌生，它带给了我一些不属于我的高傲。这种感觉非常新奇，就好像有一种自信流淌在我的身体里。

七位结束。我不知不觉间松了一口气，好像这里真的有成千上万的观众在看我的演出一样。我不自觉地看向卢斐，却发现她望向我的目光满是温和以及……淡淡的羡慕。她在羡慕什么？

那羡慕的神色转瞬即逝，卢斐给我鼓掌，不无遗憾地说："可惜我腿受伤了，不然还可以给你看看脚位。"

"那等你伤好了不就可以了？"我说话时没过脑子，但是看到她脸色一白时，忽然有点后悔。听说跳舞的人最怕腿伤，受过伤的地方会更加脆弱，承受不住力度。

我有些笨拙地想安慰卢斐，她却很快笑了起来："哎呀，没关系的。现在医学这么发达，我说不定跳得比原先还要好呢。"

"顺便，你看一眼小黑。"她指了指角落。我这才突然想起来，要不是她提醒，我都快忘记了我还有只黑狗。它安静地蹲坐在那里，我仔细揉了揉眼，才确认这个发现——它比上午要小了一圈。

卢斐拉着我走到小剧院的天台，在周围高楼大厦的包裹下，这里只能看小小的一块星空。她不知道从哪里变出来了两瓶果汁,递给我了一瓶。

"雨青,你觉得黑狗是怎么来的呢?"她轻声问,"有想过这个问题吗?"

我诚实地摇摇头,我从出生到现在的十来年里,一半时间过着天真愚钝的童年,一半时间过着浑浑噩噩的少年。黑狗的到来打乱了我的一切想法,弄乱了我的脑海,我没有精力去思考这些问题。

"黑狗是无数个悲剧的瞬间组成的。你没有看到刚才你自己的样子,有一瞬间你扔掉了怯懦和自卑,就扔掉了组成它的一部分。"

我怔怔地看着黑狗,忽然间好像想起了许多个画面。我被徐小颖孤立的瞬间、我的作业被撕掉的瞬间、爷爷去世的瞬间……这些瞬间构成了它。想通了这一点,我也陷入了迷茫。这些瞬间构成了黑狗,可是也是这些瞬间构成了我。我真的能赶走这只黑狗吗?

她大概看出了我的疑惑,拍了拍手:"还在想吗?你要不要试试我的'抛弃理论',扔掉哪怕一点点悲观想法,都可以让黑狗变小。"

卢斐说得极其笃定,就好像她已经胜券在握了一样。我却有些害怕,我到底该怎么做?

"哎呀,明天试试不就好了?要是有人对你说三道四,你直接回嘴。"卢斐突然拍了拍我的肩。

4

我早上一到教室,就发现了不对劲。

我的座位上被人用马克笔涂上了乱七八糟的画,桌兜里的书全部散乱地堆在地上。桌上画的大大小小都是黑狗,抛开意图的话,画得挺可爱的。我摸了摸桌面,然后慢慢捡回书。徐小颖似乎对我的反应十分不满,她重重地哼了一声,然后飞快把我刚整好的书又推了下去。

同学们慢慢安静了下来,我和她成了众人的焦点,视线的聚集让我十分不舒服。

我有些费力地喘着气,脑子却不受控制地想到了卢斐昨天说的"抛弃理论",抛弃我的一部分想法,可以让黑狗变小。

我不想让卢斐失望,于是慢慢抬起了头,强忍着不适盯着徐小颖的眼睛,一字一句地说:"徐小颖,请你把这些收拾好。"

对面的女孩翻了个白眼,冲旁边笑着说了些什么。我忽然感觉自己站直后,身体像是一座被疏通的火山,过分饱胀的怒意在我心里酝酿成形,而徐小颖的那一个白眼就成了点燃的火星。我猛地抬起了头,向她扑了过去。

"哇哦,所以你真的打了她?"卢斐趴在病床上,摔伤的那条腿被她翘得老高,她眼睛亮晶晶的,"可以啊雨青,快看看黑狗,快看看我的理论是不是有用。"

我无奈地纠正她:"只是揪了一下领子,打架是会被开除的。"

同时,我也看了一眼黑狗,出乎我的意料,它变得小了不止一圈。大概也就原先的三分之二大了,现在更像只成年猫的体型。

"是什么让它变小的?"我按捺不住激动的心情,"是我的爆发吗?"

"是,也不是。你的爆发本质上就是

你抛弃了一部分过去的想法,所以我说的还是对的啦。"她狡黠地笑,"所以是不是很爽?是不是觉得一点也不可怕?"

确实,我现在想一想,都想不明白自己害怕徐小颖什么。可能排挤、冷漠本身就是一种伤人于无形的暴力,我身上留的伤痕多了,见到她就自动开始害怕与臣服。

而就在上午,我亲眼看到了徐小颖的弱小,她被我的爆发吓得讷讷了半天。这一口梗在胸口的气长长地被我舒出去了,现在我忽然觉得自己也不是那么没有用处。

"那你知道你现在还有什么心结没有解开吗?"她撑着头问我。

我想了想:"爷爷的死?"

"应该就是这个了!"卢斐笑道。

随着黑狗的缩小,我对这个世界的感知也越发清晰。我可以清楚地感觉到微风送来的花香,窗外阳光的温热以及……卢斐的状态。每一次见她,都感觉她比上一次见面还瘦,病服空荡荡地挂在身上,裸露出来的手腕细得像是一把被紧紧收好的长柄伞。

"你真的只是腿摔伤吗?"我喃喃问道,我隐隐觉得这个答案对我来说很重要。

卢斐没有再笑,只是用一句毫不相干的诗来回答了我的奇怪问题:"雨青,天空没有留下翅膀的痕迹,但我已飞过。"

我很快就懂了这句话的意思。

回到家后,妈妈并没问我去哪里了。可能在她的眼中,我已经到了一个麻烦的年纪,稍微多管教一点都会成仇人。

"小雨。"她忽然叫住了我,盯着我看了半天才开口了,"你最近还有没有看到那个……?"

那个,是我们家中对黑狗心照不宣的代称。我点了点头。

她深深佝偻着身子,将脸埋进掌心:"小雨,我们单位有个孩子跳楼了,她还那么年轻……"

我明白了,那个不知名的女孩让妈妈想起了我。她在害怕。我轻轻搂住了她,没有说话。

妈妈仔仔细细将我打量了一遍,好像每一寸皮肤都要刻在心里:"小雨,我之前不该对你要求那么严格,你一定要好好的。"

她的眼睛看起来太疲惫和茫然了,以至于我觉得如果我不点头,只会让她在身上背上更深一层枷锁。

"她也有黑狗吗?"

妈妈流着泪,却摇了摇头。

"我能去她家吗?"去看看她的母亲。我在心里想着,也是看看我有可能走的那条路。

转天,妈妈带我去了,她特意叮嘱我穿了一身黑,还买了两束雏菊。那位女孩的家温馨平凡,但是我还是看到了熟悉的东西——一只慢慢长出来的黑狗。

那只黑狗缩在角落里,颜色淡得像是一片阴影。它像一个漩涡,不远不近地趴在那位母亲的旁边。远远地,我还能听到那位阿姨的哭喊。这里对于我来说像是一片海,我快要被悲伤哀痛淹没了。为了透气,我下楼了。

我第一次对死亡有具体感触是在两年

前。爷爷在摔了一跤之后身体越来越差，短短几个月，他几乎已经变成了一株长在病床上的植物，无数连接着监控的管子就是他的根。而到冬天时，这株植物便枯萎了。在某一天，我拉着他冰冷粗糙的手想和他说话时，他单薄的皮肤像是树皮一般再也没有一丝温热。我意识到，他去世了。那一瞬间我其实没有什么感觉，只觉得这一天总会来到。

这种麻木一直持续到几天之后，一阵穿堂风吹开了窗户，我下意识地快速关上窗，害怕寒冷让爷爷感冒。这时我才想起来，他已经去世了。

也是在那个时刻，我好像突然摸到了死神冰凉的手，它把我点醒了——这个离去的人，是会带着我一起看郁金香的人，是会在爸爸妈妈不在的时候安慰我的人，是世界上最爱我的人。

我的黑狗，就这样产生了。

而此时此刻，我忽然很想见卢斐，很想问问她我的心结怎么解开，也很想告诉她今天发生的这一切。

我头一次没有按照约定的时间去医院，本来想直接推开门吓唬一下总是拿我取乐的卢斐，却无意间听到了她父母和医生的话。

他们在说卢斐的病情，说她的四期治疗失败了，可能过几天就会转院离开。

我的脑子里一片轰鸣，卢斐看我跳舞时的羡慕神情、她说的奇怪的话、她的身体，一切一切都串成了一条线，告诉我一个我无法接受的事实：卢斐要死了。

"你都听到了？"一个声音自我身后响起。我猛地回身，就看到卢斐拄着拐杖安安静静地站在那里。她的长发不知何时已经削成了短发，更衬得她身形单薄起来。

卢斐放下拐杖，单腿一跳一跳地向我靠近，在快跳过来的时候忽然趔趄了一下。我几乎想都没想就伸手扶了她一把，卢斐顿时喜笑颜开："我还以为你生我气了呢。"

"生什么气？"我垂下了眼睛。

卢斐靠坐在走廊上，她习惯性地想去撩自己的长发，却在摸到耳朵时停住了。

"他们说的是真的吗？"我率先打破了这种沉默，"我一开始以为是你的腿伤，但是四期治疗是治癌症的，是吗？你得了癌症，现在在赌接下来的治疗能不能发挥作用？"

我说得越来越快，越来越咄咄逼人："还有一个问题也得到解答了，你为什么对黑狗这么了解，因为你也有过，就在你确诊的时候。你和我一样，你在用你治疗自己的方法来——"

剩下的话我没再说完，因为卢斐忽然伸手，摸了一下我的脸。

"别害怕了，雨青。拜托，很俗哎。又不是韩剧女主角，得了绝症就一定会死。"

她靠在墙上，目光好像能穿透厚厚的天花板，直达天际。"况且，真的死了又能怎样呢？雨青，你猜对了。我的黑狗消失，也是有一个人这样帮助过我，我想把这种帮助传递下去……传递得更久一点。"

她手的触感还短暂地停留在我的脸上，冰凉、轻柔。我恍惚间又想起了那曾经碰到过的死神的手，我好像要失去一个特殊的人了。我转头看去，我的黑狗陡然长大了。

6

卢斐转院前的晚上，我被黑狗拉进了梦境。我在一片一望无际的草原中见到了小小的卢斐。一只巨大的黑狗围绕着她，黑色的雾气包围着小小的女孩。

我慢慢走近，在她的身边坐了下来。

"你会跳舞吗？"我轻轻问道。

小卢斐没有任何反应，仿佛我说的话只是一阵吹过的风。

"我演示给你看。"我站了起来，摆出她曾经教我的手位。但是在跳完后，我看到小卢斐皱了皱秀气的鼻子："你跳得不对。"

"是对的。"我坚持着，"是我特意学的。"

"那你的老师一定不合格，看我的。"小卢斐被逗得哼哼笑了一声，她站了起来。天色随着她的动作逐渐变黑，只剩下星光点点，照耀在她的身上。这大片草原成了她的舞台。小卢斐闭上了眼，在星星与我的共同注视下跳起了舞。

"你学会了吗？看你刚才跳的，一点都不对。"她扑倒在柔软的草上，活泼地说道，"不过还是谢谢你。如果不是你跳得太丑了，我就不会再跳舞了。"

"为什么不再跳了？"

小卢斐摇了摇头："我得病了，腿很疼，跳不动舞。"

"可以只跳上半身，不然以后再遇到像我这样不会跳舞的，你要怎么教呢？"

"其他人会嘲笑我的，哪有跳芭蕾舞只跳手位的？我不喜欢被别人嘲笑。"

"有人嘲笑你，你就揪他的领子。不用怕，一般人不敢揍你。"

小卢斐抱着肚子笑了起来，越笑越大声："你真有意思！"

"我难道什么都不用怕吗？"她擦了擦亮晶晶的眼角，"连生病也不用怕吗？"

反正是没见你怕过，我在心里嘀咕了一句，但是还是郑重其事地回答她："不用怕，朝前大步走。"

"好，听你的，我不怕。"她笑了起来，而我目瞪口呆地看着她背后的那只黑狗就那么轻而易举地消失了。

"你看，就是这样容易。"再回过头去，就看到长大后的卢斐站在那里，她伸手摸了摸我的头，"我最后送一个礼物给你。"

她给了我一个大大的、柔软的拥抱，然后在我耳边说："你对黑狗的害怕来自你对它的预估，既然是你自己的预估，那么你随时都可以改变这种估量。希望你之后可以有反转痛苦的力量。"

梦醒了。太阳照得我一阵阵恍惚，好像眼前一片白光，天旋地转。卢斐走进了那片白光中。

我大声喊着她的名字，她却只是回头望了我一眼，而后挥了挥手。

我很想问她，会不会害怕死亡？

但是我也预料到了她的答案，她会希望自己变成轻盈的、不再疼痛的风，能够像梦中那样翩翩旋转着起舞，吹过所有人的眼角发梢，一路吹向远方。她不会害怕的。我看向了我的黑狗，第一次伸手抱住了它——我也不会害怕。

虽然我还没想通她为什么要帮我，但是她的翅膀已经在我的天空留下痕迹了。

登上那趟无尽列车

✱ 夸黎

1

那阵门铃声不间断地响起时，我被惊醒了。

起床气让我在床上足足坐了两分钟，才闷闷不乐地穿上拖鞋，走到窗边拉开窗帘。秋日的雨水充沛得不像话，水流在玻璃窗上蜿蜒滑落。

什么啊，雨天明明就该好好睡觉，一早就被叫醒，简直是倒了大霉。

我气冲冲地下了楼，打开门，门外的一把撑得鼓鼓的雨伞如黑影一般罩下，我被吓了一跳。

"对不起，"来人意识到还没有收伞，立刻行动起来，然后才站直了跟我说话，"你好，请问是蓝色夏天小姐吗？"

我的笔名被他这么说出来，让人感到羞耻万分。我一时没有吭声，就见他眼神复杂地盯着我，我下意识低头一瞧，怔了三秒钟，然后以迅雷不及掩耳之势把门关上了。

苍天，我居然还穿着海绵宝宝睡衣，简直是太绝望了。

我匆匆去换衣服，鼓起勇气再次开门，却发现外面空空如也。湿冷的风从走道刮了进来，雨水从房檐上滑落，我的心里空落落的。跑步声突然传来，我转过头，发现那个人并没有走。

过大的雨量在地上形成积水，几乎淹没了他的球鞋，但他仍旧快步跑过来，手中还提着冒着热气的袋子。"冒昧拜访，你应该还在睡觉，实在太抱歉，这是我买

> 离开这座城市的那天,彭嘉来送我,我们沿着国道走了很远。蝉鸣把晚霞烦扰得越发浓烈,无数的车辆穿梭在黄昏的风中,驶向不同的目的地。
>
> 离别本就是人生的常态。

的早点。"他又赶忙掏出了怀中的信件,递到我面前,"我其实是来送明信片的。"

我低头一看,明信片上面明晃晃地写着我的笔名。

没想到他还会回来,我傻呵呵地哦了一声,接过了明信片,想了想道:"那进来吧。"

片刻后,我在沙发上坐着吃早点,听他说明来意。编辑部给我的明信片在小区物业那边压了许久才被发现,正巧他最近在附近做志愿者,送信的任务便交给了他。

我迟疑了片刻道:"你看起来不像是单纯来送信的。"

他不好意思地摸了摸后脑勺,笑道:"蓝色夏天你好,其实我也算你的书迷,我很喜欢你几年前写的一本小说,叫《时光疗养院》,但是这本小说我没有翻到结局,后来才知道是没有结局的。"

我喉咙一噎,看到对面的大男孩红着脸说:"真的很抱歉,我是小说迷,那本小说我熬夜刷完,真的很想知道到底是什么样的结局,没想到能见到你真人,所以才斗胆想问下结局,希望不会给你造成困扰。"

以前只听说过烂尾会被寄刀片这句玩笑话,现在我才知道原来烂尾后遇到书迷是如此尴尬,而这个人我竟然认识,可惜他不认识我。这个秋日雨天带着几分乌托邦式的荒诞。

他说完后我没有答话,慢条斯理地吃完了早点,我用纸巾擦了擦嘴,才对他说:"烂尾了就是烂尾了,结局我也已经不会写了。"

我的回答让他愣了愣,那张清隽的脸上露出几分遗憾和失落。

"不过,"我眼珠滚动了两下,话锋一转,"写是不会再写了,但是可以回想一下当时预设的是什么结局。"

他立刻就笑了,还朝我鞠了一躬,最后又拒绝了我给他的早餐钱,搞得我怪不好意思的。我咳嗽了一声,脸红了红:"还有,不要叫我的笔名了,可以叫我范舒。"

"好的,我叫彭嘉。"

我朝他点头,心里说我知道。

送他出门时,雨还没停,反而下得更大了。

冗杂而喧嚣的雨声中，我抬眼看他，鼓起勇气问："彭嘉，你记得我吗？"

雨声太大，他没有听清我说什么，反问了一句什么，我说没什么，再见。

他的背影融入了雨中，变得模糊不清。我在门边站了许久，才关上门，心里有一点失落。他果然对我没有印象了。

2

《时光疗养院》是我写的第一篇小说，写于高三那年。

但并不是不务正业，我先天性脑部供血不足，高三冲刺阶段，由于病情加重，时不时会晕倒，我被老师同学们送去了医院，便没有参加那年的高考。

在家休养了许久，病情已经缓解，我经常感到无聊，有些日子便会先吃了药，然后在早上七点前往地铁站，坐很多站，见很多人，即使都是陌生人。

从乙南路站到南宁门站的那一段路我坐了许多次，因为吃药加上好运气，一次也没有晕倒过，那个班次的那趟列车被我称为"福车"。而有很多次，我都遇见了一个少年，他总是穿着我高中母校的校服，每次总会戴上耳机听歌。

最开始注意到他，是因为他戴了一款海绵宝宝的耳机，第二次遇到，我发现他的耳机换成了红色射线图案的，让人有点失望。再后来，他的耳机不断地变，有一次我想了想，一个月居然戴了十几副不同的耳机！我就纳闷了，这究竟是多么喜新厌旧的人啊！

纵使我如何猜度他，他大约也是对我没有印象的。

这样平庸的我坐了无数次列车后开始写小说，那是一个全新的世界，我可以在里面挥斥方遒，获得从未有过的体验。

我的处女作就是那篇《时光疗养院》，可是结局我已经忘了。当时连载的杂志在我投稿不久后就停刊了，我也没有想过还会有人发现这个故事。

彭嘉第N次拜访时，说他其实一直知道我就在这座城市，但并不知道我在哪里。我疑惑地问他如何知道的，要知道我现在虽然也算小有名气的小说家，却从来不愿意对外暴露自己的私人信息。

他调皮地眨眨眼说："我猜出来的。"

作家的笔下难免会带点与自己生活息息相关的印记，比如我曾在文中提到过南郊有一家烧烤店很不错，特别是写着"不香不要钱"的那家，老板娘是四川人，说的方言我似懂非懂。有时候夜里饿了，一个人跑去吃，既不会显得很奇怪，还能吃得很爽。

又比如我在文中说起过的中药店，说木台上放着的招财进宝猫花里胡哨，和中药店一点也不搭。

他就是根据这样的信息猜出我跟他生活在同一座城市。

"其实一开始我也不敢确定，因为信息太少了，也有可能出错，但那次意外看到了你的明信片，我才真的相信我们在同一座城市。"这话要是从其他人嘴里说出来，我一定会不寒而栗，但是我知道他不是变态，所以假模假样地哦了一声，让自己显得不那么在意。

那个夜晚的风好像是柠檬味的,吹在脸上,有些酸爽。在喷泉边,我又问他道:"那你往常遇到坑文的作者都是怎么做的?"

他说:"当我踩坑的时候,就会去找作者的微博,一般都是有的,或者能找到接收读者信件的邮箱,总而言之,问一问就能问到。"

说到这里,大约是因为要说真话,他有些不好意思地道:"但是你没有社交账号,所以我无法更简单地找到你。"

我蓦地转过头,对上了他的眼睛。我表面上看着没什么,实则心里很紧张,因为我怕从中看到质疑和不认可——要知道我在很多人眼中都是怪胎。

但从那双好看的瞳孔中,我只看到了小小的自己。

该怎么形容那一刻的感受呢?大约,是一颗心突然就软成了晚风。

3

正如彭嘉所说的那样,我并没有任何的社交账号,没有微博,没有乐乎,也没有个人邮箱。更多的时候,我都是在独处。

所以在彭嘉介入我的生活后,我难免产生了几分不习惯。当他问起我的起床时间时,我还没有意识到什么,直到在早晨七点钟闹钟响起后接到了他的电话。

起床气让我只想保持沉默,但彭嘉在那头气喘吁吁地说话,我怎么可能睡着。

"我已经起来晨跑了,你也起来吧,今天空气很好。"他元气十足地催促道。

他平时喜欢救助街上的流浪猫狗,朋友喊帮忙也总是欣然前往,有时候我觉得他对我也是这样一种助人情结。

我的睡意被他赶跑了,气得哼哼两声,不满地坐起来抓抓头发。而当我洗漱完毕,拉开窗帘,看到灿烂的阳光照射进来,心情确实变得好了许多。

又是一天,我才打开笔记本电脑,他的电话就匆匆打过来,问我在做什么。看电影啊,我说。

十五分钟后,他出现在门外按响门铃,我难以置信地打开门,穿着一身运动装的他笑着朝我打招呼,看上去特别像中药店那只笑眯眯的招财猫。

"一起看电影啊!"

今天我要看的是一部黏黏糊糊的爱情片,据说男女主的吻戏之多当得起影片之最。编辑总诟病我不会写爱情桥段,让我多多摄入以便举一反三,前几天还隆重推荐了这部电影。但男生大约是不喜欢看这类影片的吧,更何况跟一个异性在自己家中看爱情片,这个情节从未出现在我预想的生活故事里。

我忽略了心中因为他的到来而升腾起的喜悦,孩子气地叉腰道:"喂,你这是不请自来!"

他笑了两下,硬挤进了沙发,环抱着抱枕,咧嘴道:"一个人看没意思啊。"

事实证明,编辑诚不欺我,整部电影的爱情戏丰富且细腻,看得我脸红又尴尬,他也没想到会是这么一部暧昧的爱情片,也明显有些尴尬,手脚不知道往哪里放。

于是在预感到又一场吻戏要开始的时候,我便提前起身去续咖啡。

终于在我第五次离席时,彭嘉叫住

了我。客厅里的窗帘已全部拉上，电脑屏幕的微光照在他的脸庞上，大约是为了缓解尴尬，他问了个有些突然的问题："你是不是很讨厌我缠着你？"

我立刻道："没有。"

他又笑了，但看上去并不信服。彭嘉说："我主要是害怕你出事。"

半个月前，在他第二次来访时，我不幸晕倒在地。彭嘉吓了一跳，连忙叫了救护车。所幸只是低血糖，没有大碍。

但得知我有先天性疾病，他便开始担忧。我总是独来独往，即使某一天晕倒在房间里，岂不是都无人问津？

此时，彭嘉看着我，诚挚地道："对不起，我不是故意要讨人嫌，我不是心怀不轨的人，你不要害怕。"

咖啡的热气蒸腾，真是见鬼，我的脸也开始像电影中的女主角那样发烫了。

"我知道的。"他是好人。

4

除了我的日记本，我没有对谁透露过彭嘉的存在。事实上，他是我青春时期最鲜艳的记忆，以至于我常常在梦中回到高三那年，回到那年的列车上。即使他并不知晓我的存在，可地铁上的人间百态，我们也是一同经历过的。

某一个清晨，一个白领女士和一个西装男因为占座吵闹起来，横眉怒目，唾沫横飞，一方声音尖细，另一方就用高音量去压，吵得整个车厢的人愁眉苦脸。

我捂着耳朵，偏过头一看，彭嘉就坐在不远处。他匆匆戴上耳机，转头发现摇篮车上的小婴儿呆呆地看着自己，立刻吐舌头朝他做了个鬼脸，神态之鲜活，让我也忍不住笑了起来。

有一次，他快要到站了，便匆匆起身，谁知耳机线挂在旁边人的袖口上，被扯掉了，手机的声音立刻外扩出来，里面的解说员声嘶力竭的呐喊响彻了整个车厢："热火队进球了！这是一记非常漂亮的压线三分球！"

少年窘迫地红了耳根，急忙将耳机插好，但就在下一刻，我见他忍不住露出激动的笑，垂在身侧的手握成了拳头。

后来回去后，我找到了那场比赛的回放，可惜他支持的球队输掉了比赛。

还有那么一次，雨天的车厢闷热，有位老人突觉心脏刺痛，她向坐在身边的彭嘉求助。他立刻掏出手机叫了救护车，下一站搀扶着老人下了车。

我望着他的背影，幻想如果有一天，晕倒在他面前的是我，他应该也会这样帮忙吧。

热血，真挚，礼貌，生动，我看过很多作品，接触过很多人，少年人物是那么多样且不同，可是没有一个男生像彭嘉那样留给我那样鲜活的记忆。

所以时隔多年，当他敲开我的房门的刹那，我毫无防备地让他踏入了我的生活，因为那正是我曾经所渴望的。

我始终没有告诉他的是，如果换一个人敲门，一切就不会那么顺理成章了。

5

日子过得很快，转眼便到了圣诞节前

一天。C市下了几天的雪,到处都是白茫茫一片。这样的天滑雪场的生意会很好。彭嘉发来消息,邀请我一起去滑雪。

这次我明确地拒绝了他,还说会闭关几日,要好好地想一想新作品的架构,让他不要来找我。他性格开朗,很爱热闹,不约我也能很容易约到别人。

没等他回复,我就关了机。

穿上厚重的羽绒服,我去花店买了束花,然后前往了南郊的墓园。上山时,我踩在雪很薄的地方,不小心摔倒了,屁股好疼。从墓园回去后,我把自己关在房间里好几天。彭嘉找来时,我仰头看着他,有些不知今夕何夕。

我的模样让他很是担忧。出去走走吧,他劝我。

到底是被他拉到了室外,最后彭嘉带我去了游乐园。

"我不是小孩子了。"我一路上都在反驳。

他不说话,到了游乐场门口,才终于看着我笑,说:"为什么成人就不能玩小孩子的游戏了?"

明明我的主角们都能说会道,可是他总能让我无言以对。

彭嘉问我想玩什么游戏,我说随便。

"那就过山车吧。"他一锤定音。

冬日的风冷得刺骨,从过山车上下来后,我吐了一地。他拍着我的手背,又跑去买了瓶矿泉水让我漱口。

可是坐回椅子上时,我哭得更大声了,几乎喘不过气来。他有些手足无措,也不知道该说什么,但我知道他担忧的目光一直落在我身上。

"彭嘉,"我哽咽道,"我骗了你,我去看爸爸了。"

我患有先天性脑供血不足,这是在我出生时医生就告知父母的。妈妈与爸爸性格不合,离婚去了异地,后来许多年我从未见过她。从小到大,是爸爸给我换尿布,教我走路,送我去上学。

老师帮忙隐瞒了我的家庭情况,但填资料表时仍有同学偶然发现了这一点,他们没有恶意,会用同情的语气问我难不难过。

我不难过,因为我的爸爸一个人付出了双倍的爱。在我十八岁之前,他一直都是那么用心地疼爱我,照顾我。可惜在我刚升上高三那一年,他不幸去世,原因是为了给我过圣诞节连夜从外地赶路回来,半路上有货车打滑,发生了意外。

在葬礼上,我第一次,也是唯一一次见到妈妈。那时候距离我十八岁生日还有几天,她问我要不要跟她走,我拒绝了。

后来我独自上大学,独自参加毕业典礼,大学毕业后我便成了一名作家,之后还是独来独往。

我把自己封闭起来,穿海绵宝宝的睡衣,像孩子一样看动画片。虽然有时候觉得很可耻,但我又很坚持。

如果不长大的话,是不是就意味着爸爸永远没有离开?又或者,如果我当时能更快地长大,不再需要他每年当圣诞老人送我礼物,是不是他就不会出事?

这么多年,这些念头一直压在我的心头,让我整日都不得安宁。这是第一次,我对一个人袒露心事。

彭嘉叫我的名字，我红着眼抬起头，看到他用那双眼疼惜又温柔地注视着我。

"这不是你的错，那只是意外而已。无论你是否愿意长大，都没关系，你有自己的世界。"

片刻后，我哇一声号啕大哭，扑进了他的怀中。我很没出息地哭得涕泗横流，狼狈至极，可是心里却像落了场雪，很干净。

6

虽然彭嘉说，我有我的世界，但我想是时候走出去了。

在他的建议下，我开通了微博，账号还是他帮忙申请的，密码是我的生日。他让我设置头像，我挑了张海绵宝宝的图片放了上去。

虽说我毕业后产量还算丰富，也因此有一批忠实读者，但我从来没有直观地感受过这些。直到我开通微博的消息被编辑传开，我的微博下就涌来了一堆粉丝，很多人评论私信我，说很喜欢我的文章。

彭嘉私聊我，打趣说当名人的感觉还不错吧，我嘿嘿两声，给他发了个"YES"的表情，又打了一行字：彩虹屁是第一生产力！

即使没有见到他，我也知道屏幕前的他看到这句话一定笑了。

但是我其实是知道的，面向大众意味着收获的不仅仅是掌声，还会有质疑和反对，但我没想到糟心事来得这么快。

那天我打开私信，发现一个头像纯黑的账号给我发了好多消息，无非是咒骂我夺取了他的灵感，又讽刺我的文是垃圾。

我气得浑身发抖，把他拉黑了。但是很快，他又换了个账号继续骚扰我，我只能再次拉黑。再后来，他没有发消息过来了，可是我的心情也毁了。

我不敢打开私信，我怕期望落空，怕接收到的不是爱和鼓励，而是赤裸裸的恶意。彭嘉很快就发现了这一点——因为我的微博停更了。

这天他来到我家，沉默地看着我，就在我怀疑自己脸上有东西时，他说："你胖了。"

我心中一梗，难道我的减肥计划起了反作用？

"骗你的啦，都瘦成什么样了。"他很快破功，又问我是不是不好好吃饭。

当他把手机放到我面前时，我还有点没反应过来，仔细一看，才发现自己的账号有了一条新动态，是他用我的名义发的。

微博有放出那个人私信的截图，并表示因为有人恶意骚扰，我将暂时关闭私信功能。如果之后有人持续骚扰，我将进行报警处理。

我愣了愣，然后听见他说："你也可以暂时关上自己的世界，只要你想，只要你更自由。"

他说这句话像是念着情话的男主，过了半天，我才迟钝地哦了一声，那个样子一定很傻，因为他在对面笑了起来。

他笑起来，我的心也跟着扑通扑通跳，仿佛春天就要从嗓子眼里跳出来了。

"对了,有个朋友,想介绍你认识一下,他叫许章,是你的大学同学。"

可我对许章这个名字根本没有印象,直到我按照彭嘉给的地址,见到了他和他的这位朋友,也还是什么都没想起来。

许章说:"我们大一大二没分专业的时候是在一个班,后来分了小专业,所以咱们只当了两年同学,你不记得我也是正常的,不过你真是一点也没变,和大一新生见面会时一模一样。"

我加了他的微信,去班级群看了一眼,原来是真的,他也在里面。

别人记得我,我不记得人家,这多少有点尴尬。偏偏彭嘉这个家伙中途开溜,说是公司那边老板打来夺命CALL,一个小时内回不去就要被炒鱿鱼了。

于是期待许久的海边散步变成了和许章,我有些闷闷不乐。

海风湿咸,我低头扒拉沙中的海螺,头顶突然传来许章的声音:"其实我大学时候就对你有好感。"

我猛地抬起头,看到他望着我,有些不好意思,但仍旧坚持说出了告白。他说了许多,关于那时候为什么没有表白,关于如何偶然看到我微博上的照片,才知道我和彭嘉认识。

他说了许多,我却只记住了一句话:是我请彭嘉帮忙,让你见我一面。

原来这就是他中途溜走的原因,我气得牙痒痒,发誓回去要他好看。

而分别时,我郑重地对他道:"对不起,我今天是想和另一个人来看海的。"

许章很快明白了我的意思,他很是失落地走了。只是失落的不只是他,还有我那颗情窦初开的心。

7

那天之后,我好一段时间不接彭嘉的电话,他来敲门我也不回应。

直到那一天,他执意不离开,外面又下起雨,我当然舍不得让他淋雨,于是破例开了门。雨水落得太快,他淋得湿漉漉的。

他一边用毛巾擦头发,一边朝我道歉,说只是想让许章和我试一试,但没想到我这么排斥。他也觉得抱歉,因为没有提前问过我的想法。

我捧着热咖啡不说话,许久才抬起头问他:"你谈过恋爱吗?"

他怔了一下,然后给了我肯定的回答。

那是从大一开始的一段恋情,但是毕业后因为异地的关系,两个人分了手。

我没有追问,因为那是一段已经过去了的感情了,现在喜欢他的是我。

在恶补了诸多爱情电影后,我笔下的爱情戏不再是干巴巴的了,这一点也得到了诸多读者的赞赏。

但是我却是个胆小鬼,连表白的勇气也没有,一点也没有剧本中的主人公勇敢。

五月末的时候,我终于下定决心——来一场从未有过的徒步旅行,如果成功了,就向彭嘉告白。

好吧,对于一个胆小鬼而言,告白这件事需要那么那么那么久的酝酿才能积攒足够的勇气。

我从川地出发,一路上风餐露宿,有

时候太累了，连饭都不想吃，整个人也晒得奇黑无比。彭嘉看到我在微博上分享的照片，给我发消息说：实在坚持不住就回来吧。我咽下干粮，用一指禅回他：懦夫才会半途而废！

他半晌才回了我一个崇拜的表情，把我逗得直笑。

一路上路过草原，路过田野，路过丛林，最终抵达目的地。那夜在草原上，夜空中划过流星雨，我悄悄许愿：希望我能告白成功。

回到C市，我休息了几日。实话说，我在回来的路上想了很多个方案，但最终都被自己否定了。

海边散步时告白？上次的事我还有些忌惮，有阴影了。写情书？也不行，酸溜溜的。

不是太俗套，就是不够让人心动。

就在我纠结万分的时候，彭嘉约我出去吃饭。许久未见，感觉到他超乎往常的喜悦，我难得有几分羞涩，又用力压下嘴角，告诉自己要矜持。

吃饭的时候，彭嘉告诉我，他的婚期定在明年。我正夹着一颗圆滚滚的丸子，闻言手上一抖，丸子掉下去，汤汁溅了一身，他连忙给我递纸巾。

就在前不久，他曾经的女友回到这座城市，两个人都没有完全放下对方，于是很快又走到了一起。年龄到了，就见了父母，约定了婚期。

破镜重圆的故事我也写过，主人公们须得始终不忘，才能收获圆满结局。所以他从来没有忘记过她。

四周的餐桌上人声鼎沸，他的声音忽高忽低，我低头擦着身上的油渍，眼前冒出了雾气。

我抬起头时，彭嘉问我眼睛怎么红红的，我说火锅太辣了。

那真是我吃过最辣的一次火锅。

回去的路上下起雨，风也很大，他买了一把伞，将我护在伞下。我们的胳膊经常碰在一起，我能感受到他炽热的体温，听到他微微急促的呼吸，那般亲密，可惜只不过一场雨的时间。

雨停了，他收起伞，我们慢慢地往前走。他说起他和那个女生的往事，他们是在一趟列车上认识的。

"其实我早就注意到她了，因为那时候我们经常坐同一趟列车去上学。高考前的某一天，她突然走到我面前，说想和我交个朋友，我便答应了，再后来，我们才成了情侣……"

他说起那件事，眼睛亮亮的，我仰头注视着他黑曜石般的瞳孔，刚才停掉的那场雨又在胸口下起来。

很久远的记忆朝我涌来……

那是六月初的一天，我已经坐了那么多趟列车，还是头一次那么紧张。

因为我想待会跟随人群下车，找到那个少年，勇敢地提出和他交个朋友。

列车到站了，开门声响起，我被人群挤走，等下车时才注意到他在距离我不远处。我正要走上前，一个扎着马尾的女孩子小跑着到了他的面前，她的发梢像蝴蝶飞过空中。

"你好，我叫陈芸芸，我们一起坐了

很多趟列车，你能记住我吗？"

少年笑起来，露出尖尖的小虎牙，他道："我知道你，但几个月前，你还留着短发。"

"是啊，因为和妈妈吵架，一气之下剪短的，可丑了。"

"还好啦，对了，我叫彭嘉。"

"那，交个朋友吧。"

又一群乘客进了车厢，列车呼啸而去。我听着那个女生说出了我原本想说的话，又听他说记得她留着短发，最后看着他们走远。

第二天，我没有遇到彭嘉，第三天也没有。几天之后，我后知后觉地意识到高考到来了。

我也曾很努力地想融入同龄人的生活，可是终究做不到。

再后来很多年，我没有见过彭嘉，直到他敲响了我的大门。在那许多年里，我也有过疑问，如果当时我更勇敢一点，比陈芸芸更早走过去，他会认出我吗？会知道我和他坐过许多次同一趟列车吗？

即使我一直以来都留着齐肩发，即使许章说我和大一时一样一点也没变，但是在我与彭嘉重逢的那一天，我问过的："彭嘉，你记得我吗？"

他没有回答，而我已经知道了他的答案。

只是我在此刻才悲哀地发现，我离幸福只差了一步，但注定且永远地差了一步。

8

夏天还没有结束的时候，我告诉彭嘉，我写完了《时光疗养院》的结局。

这个故事讲述的是亲人离世后，执念太深的话就会居住在时光疗养院里。直到执念散去，他们才会去往该去的地方。

故事主人公也因为执念来到了时光疗养院，见证了许多的温情故事，最终选择成为疗养院中永恒存在且永生孤独的守望者。

我将结局拿给彭嘉看的时候，他很是唏嘘。

当然我没告诉他，其实我从一开始就没有忘记过这个预设的结局。

故事以谎言开始，便也以谎言结束了。

得知我准备搬去另一座城市定居，彭嘉有些惊讶，但他尊重我的意见，只是觉得有点可惜，因为无法在婚礼上见到我。

他说范舒，你是我很重要的朋友。

有那么一刻，我很想告诉他，我想做的不只是他的朋友，但理智让我笑了笑，只给了他一个出于朋友的拥抱。

离开这座城市的那天，彭嘉来送我，我们沿着国道走了很远。蝉鸣把晚霞烦扰得越发浓烈，无数的车辆穿梭在黄昏的风中，驶向不同的目的地。

离别本就是人生的常态。

分别时，他叫住我，挥了挥手，大声道："范舒，要幸福啊！"

我也朝他挥了挥手，说你也要幸福啊。

转过身的刹那，我清晰地感觉到有一趟从青春中驶过的列车再一次停在我的面前，而这一次，我会独自登上这趟无尽列车，前往未来。

海棠蚀

我们毕生注定，

无法遗忘生命里

那些疼痛和爱的时刻。

．
．
．

✽ 林稚子

有一天我在咖啡馆门口等人，那是潮湿、微雨的一月份的傍晚，街道初初缀上霓虹的裳。我徘徊在店门口附近的角落，捧着一杯热美式咖啡取暖，行色匆匆的路人身上都浮了一层冷漠的寒气。

在这时分，我冻红的鼻尖忽而闻到维氏军刀清冽的雪松气。

我追着气味行了好几条街，终于追上传来这香味的那个背影。我喊"瑟瑟、瑟瑟"，那人回过头。

"不好意思,认错人了。"

我微笑着道歉,转身的一刻忽然难过得直想哭。为什么街上的人这么多,我却觉得整座城市都空旷起来了。

我听人说你还住在这座城,这个区,我每天在街上等过那么多红绿灯,流连过那么多商店的橱窗,总想着或许在哪一个时间的拐点,不早不晚,刚巧你也在。

但从来没有过。

而我也实在没有任何委屈的资格,在我将利刃划到你的心上时,早该预料到如今。

"在我们的关系里,是我先杀害了你,瑟瑟。"

最早知道瑟瑟的事,是我还在翠湖外国语中学念高一的时候。

记忆尤深的是毕业班的学长们拿校服来要她的签名,一班的女生们都低着头,瑟瑟像女明星一样走到门口,很肆意地在男生们的背上涂些字句。那时我还在三班,我们之间隔着无尽的长走廊。但流言蜚语会长翅膀,同桌常常摇我的手臂:"其姝其姝,你知不知一班的邱瑟瑟?昨天又有两个男生为她在操场斗殴,被教务处记过了。"

我说不知,我惦记着自己的物理作业还没写完。

后来又听过很多关于瑟瑟的事,我也只是记住了"邱瑟瑟"三个字。那时只觉得她的名很美,《暮江吟》里有"半江瑟瑟半江红",形容夕阳之下,秋水瞬息变化的绚烂。但那时我觉得她配不上这个意境,因校园里流传了太多她不光彩的事迹。

毫无疑问,瑟瑟是张扬的,放了学常有职校的小流氓来门口等她,令正常进出的学生提心吊胆。又或者一夜之间女生们都收窄了校服腰身,露出隐隐一截肚皮,源头在于瑟瑟的校服也是如此这般改过。

她逃课、打架,犯很多校规。我几乎从没有听到任何关于她的夸赞,女生们提到她时,会摇摇头,彼此狎昵地一笑。然而她们对她的发型和衣服的模仿,又毫无掩饰地表现出对她的向往。

但我并不在意这些,对于一堆人蜂拥追捧或者踩踏的事物,我有种本能的避离,因此我高一时从未见过邱瑟瑟。

到第二年,年级段长找我去教师办公室,希望我能作为翠外的高二学生代表发表演讲。我应允了,出办公室时迎面和一个飞奔而来的女孩撞了下肩,她怀里的东西散了一地。

我们赶紧蹲下身拾地上的各色画纸,我一边帮她,一边忍不住偷偷看她。黑色的软软的发,皮肤白得近乎透明,鼻子和嘴纤纤巧巧的,一对细长而妩媚的眼睛,有种画上人般的精致。我将手里集齐的画纸交给她,一连说了好几声"对不起"。

"没有,是我撞到你的,我才应该抱歉。"她仰起脸笑。

我的心在她的笑容中全然自失,我以前从不知一个微笑可以美成这样。如果说世上有"圣洁"这个词,那一刻我以为是专为她脸上干净纯美的微笑所创造的。

"邱瑟瑟，画展要挂的作品都收集好了吗？"美术老师在工位上喊。

"收好了。"她朝我又是一笑，十分轻灵地转身。那时我心灵所受的震荡，直到今天回味起来还记忆犹新。我几乎不可置信，她就是邱瑟瑟——那个种种故事围绕的问题学生，原不过是个有着天使笑靥的十七岁少女。

周五从学校坐地铁回家时，阿金早在小区门口等着。一看到我，她就跑来抢过我手里的行李箱。她胖胖的身子热切地拥着我："其姝累不累，怎么不叫辆出租车回来？"

"不累。"我摇摇头，进房间后放下书包。

"今天晚饭食冬阴功，我知道你最喜欢椰子了，饭后甜点有椰奶红豆雪糕。"阿金一边絮叨一边端进来一杯苹果汁，守着要我喝下。

"乖仔，"见我喝尽，阿金满意地退出房间，忽然停了一下，在门口轻声说，"今晚要给先生打个电话哦。"

今晚是周文忠的五十岁寿诞，想必别墅已布置得富丽堂皇，可我从来没有去过他家，也不愿意给他打电话。

"知道了。"我明明不会给他打，但还是宽慰地回复阿金。

夜里，我边用小银勺舀雪糕吃边听单词，阿金轻手轻脚地走进来，拿过一部已接通的手机要我听。

"小姝，今天没有看到你来，爸爸很挂念你，身体好吗，学习好吗？"是他。

"都好。生日快乐，你忙。"

我摁了挂断键，将雪糕杯还给阿金。她欲言又止地看了看我，最终还是退了出去。

手机静静地放在书桌上，台灯在玻璃光面上投下雪亮的圆点。我知道阿金心里怪我冷血，但我以前也不知道原来自己是可以这样冷血的。

耳机里的女声仍在平缓地念单词：acute，严重的，急性的，敏锐的；acute……

"爸爸很挂念你"，他怎么好意思？他这样一个聪明敏锐的人，怎么会不知道在我身上发生过什么，怎么可以伪装得如此委屈无辜，仿佛任何事都没有发生过？

哦，他当然可以，毕竟他是周文忠。

我翻着书，冷眼看手机再度震动起来，嗡嗡的，像很多年前我捂着耳朵，门外不断的嘈杂声。我忽而觉得吞下去的雪糕变得滚烫，心里生出一股无名火，拿起手机将它重重地掷向墙角。

周日的晚上我去学校，阿金已经给我买了新手机。我回到寝室时，另一个与我同住的女生还没来。我将行李箱打开，里面是阿金放进去的水果和牛奶，洗净叠好的睡裙和校服，还有几套内衣。

"等你好久了哎。"

我循声望去，是邱瑟瑟。她倚在门框上，头发很随意地绾成一个发髻，化了淡妆，嘴唇粉粉的，像樱花在夜空绽放。

我没有应声，从小到大我没什么朋友，我不应声是因为我想知道接下来她要做什么。

她走过来，我闻到她身上清冽的雪松

香气。她的笑容如此纯真,那一瞬间我有些不知所措,甚至忘了关上行李箱。我看见她蹲下身来用指尖拨着那些包装得很好的牛奶和水果,拨我的蓝色小熊睡裙,拨我的内衣,一排粉色的、白色的棉布上印着彼得兔的内衣,我的脸忽而从脖子一直红到耳根。

"你好乖巧哦,周其姝。"她又笑起来,迷人极了。

"是我家阿姨买的。"我嗫嚅着关上行李箱,羞到不知如何是好。

"昨天我好不容易问到你的电话,可惜你都不接。过来。"她站起身伸出手,拉住我的手。我傻傻地任由她牵着,像不能自主的木偶一样。她牵着我出宿舍门,牵着我走过长长的走廊。电梯门打开时,返校的女生们涌出来,一双双眼睛扫向我和邱瑟瑟。我们俩在人群里挤进空荡荡的下行电梯,关门的一瞬间,我还感觉得到她们投射过来的目光。

我后来一直没有问她为什么会来找我,我想这种问题对瑟瑟是不需要问的。你看到一个人的瞬间,就能决定她可以成为你的朋友或是敌人。相似的人荷尔蒙是相似的,我们闻得到彼此身上属于同类的味道。

那是一种粗糙凛冽的味道,像瑟瑟惯用的维氏军刀。女生们喜欢祖马龙蓝风铃和迪奥甜心,细腻温柔,但瑟瑟是一把冷兵器。她划过我的皮肤,把藏在好学生皮囊里真实的周其姝给剖出来。

"我们是同类。"她伏在我耳边说。

我没有反对,我知道她说得很对。

3

从那以后,我跟邱瑟瑟成了形影不离的双生子,优哉游哉地度过了高二。

那时翠外一半的学生在准备高考,另一半预备出国念本科。我没有和瑟瑟讨论过这个问题,我们好像从没有考虑过别离。

她只有在师长面前老实一些,会去洗手间擦掉淡色口红,校服边放得整整齐齐。其余的时候,她古灵精怪得令人头疼。约我翻窗去音乐室弹钢琴,逃晚自习去听她爱的乐队。

高三那年,整个寒假瑟瑟都没有回家,我偶尔在社交平台上看到她满世界的行踪。开学前,她忽然风尘仆仆地出现在我家楼下,执意拉着我去鼓浪屿。

我们订了酒店,半夜里她敲门到我的房间来,裹着厚厚的披肩坐在露台上,说要看星星。

"今天我满十八岁,可以喝酒了。"她说完变戏法一样从披肩里掏出一把仙女棒,拿在手里点燃了起来。她嘴里含着一颗奶糖,夜风里我闻到她身上牛奶、雪松与火硝的气息,甜甜的、冷冷的、燥热的,那一瞬间我有十分不安的直觉。

"你记不记得上学期英文老师给我们讲《远大前程》,皮普结识骄傲美丽的艾斯黛拉,自此堕落得一发不可收拾,后世把艾斯黛拉批了个半死。"她倒酒,我注意到她手臂上有淤青,于是拉着她的手问这是怎么弄的。她甩开手,自顾自地说:"可凭什么大家只骂艾斯黛拉,男人的道德如果轻易被女人败坏,那说明这种道德本身就不牢靠。"

"你该去睡了。"

她抱着我,忽而哭起来:"其姝,为什么那么多人不喜欢我,其实我……"突然无声,我转过头来才发现她蜷在披肩里睡着了,眼角还挂着一滴泪。我怕她受凉,起身从藤椅上抱起她进了卧室。

安置瑟瑟睡着后,我裹着她的披肩在露台上坐了一夜。

我没有喝酒,我只是一时觉得很伤感。

我从没有告诉过阿金我有失眠的毛病,整夜整夜睡不着,合上眼,迷蒙中总是看到母亲坐在窗台前。雨水如瀑,她清癯的剪影被雨水泡得起了皱,纸片一样从玻璃上滑落,落进阴沟里,我于万千个如此这般的梦魇里惊醒。

我始终不能释怀,在我一如既往无意识的睡眠里失去母亲。第二天,她仍然坐在落地窗前,阿金过去送早晨的咖啡,看见空掉的安眠药瓶,而母亲的身体已经冰凉。她前一晚叫我,想同我说说话,我困极了,不愿意听她讲。后来我一直认为,如果那天我和母亲说说话,她是不是就会有勇气活下来。

在遇到瑟瑟以前,我的人生望不到过去,也没有未来。日本作家川端康成在深夜四点看到海棠花,有了要活下去的勇气,瑟瑟于我,是寂寞黯淡的人生里一株清丽的海棠。

她们说她高调,骂她很难听,在我眼睛看到的,是瑟瑟身为一个女生,从来不掩饰对自己的热爱——这才是她真正令旁人害怕的。她们害怕在她身上照见自己的渺小,她这样一个人,别人的喜欢或讨厌,她从不在乎。她不懂得去低调,去合群,去讨好。

瑟瑟总说有了我才体会到朋友的滋味,她不知道,我也是有了她才知道何为人生的意义。我在她身上照见的,是无法面对生活的,空空如也的自己。

"其姝我明天十八岁生日。"

"你有没有在听我讲,喂喂——"瑟瑟伸手扳过我的脸,我不得不停下解数学题与她对视。

"邱瑟瑟小姐,如果我没有记错的话,你二月份在鼓浪屿就说满十八岁了。现在是四月,其间你十八岁了三次,我陪你逃课听了演唱会,试了百货大楼所有奢侈品柜台的妆面,送了一封情书,你转眼就不喜欢那个男生害我丢脸很久。你是单细胞的草履虫吗?"

"其姝你要爱我。"她攀着我的脖子泫然欲泣。

"好吧,我会爱你。"我叹了口气,接下她的信封,继续扑在数学演算里。

夜晚回到寝室拆开信封,才看到里面是一张大理石纹的黑色邀请函,白绸带系着薄薄的内页,地址和时间用花体烫金字印着,我的瑟瑟真的满十八岁了。

我告诉阿金准备裙子,周六我要去参加瑟瑟的生日晚宴。阿金意外极了,大概她从未料到我也会有朋友,欢欢喜喜地问我要穿哪一件。我去衣帽间看了看,挑了一条式样简单的暗玫瑰色吊带裙。

衣帽间挂满了周文忠送我的衣裙,我极少见他,总是周五回家时看见客厅桌上显眼的纸盒。

"你爸爸很熟悉你的尺寸,他很关心你。"阿金讨好地把盒子捧过来。

"是司机顺带拿来的吧,他若关心我,为什么周末不亲自来送?"

阿金默然,将衣服小心地收进壁橱。在关于周文忠的事上,她总是有种心虚般的沉默,我也得以常年保有那些清汤寡水的白T恤。

周六晚上,我出发去瑟瑟家。她家住得偏僻,出了梅林关仍要往北走,阿金不放心,坚持要打车陪我去,声称自己会一直守在车里等我,绝不打扰。

我们到达瑟瑟家门前时,花园里已经挂起星星点点的串灯,同学们已陆陆续续到了。在翠外念书,没有私家车出门的同学,大概也只有我了。到目的地时,阿金在车里嘀咕,问我怎么会认识住在这里的朋友。我笑笑,没说话。

那天的晚餐是瑟瑟喜欢的意大利菜,她也穿一条暗玫瑰色的吊带裙,我们看见彼此的衣着都有种意外之喜。瑟瑟的父母很识趣地躲出门看音乐剧去了,留我们一帮孩子在邱家玩得尽兴。

坐在旋转楼梯的台阶上,我望着楼下的同学,轻声问瑟瑟:"为什么你不喜欢还要请她们来?"瑟瑟也同样轻声回复我:"我就是喜欢看女生们讨厌我又不得不巴结我的样子。"

"你这样,真的很讨厌。"我忍不住。

"所以说你真的很乖巧,周其姝。"她在晦暗的灯光里对着我笑,一瞬间我想起我们在女生寝室里她逗我的那天。

散场时,瑟瑟站在门口跟大家道别,我是最后一个走的,她站在女贞树篱笆旁同我道别。坐上车后,我同她挥手,她身后的大别墅灯火通明,空空如也。我看不见瑟瑟脸上的表情,只觉得她的红唇在深夜如此鲜明,她的嘴角像在勾起笑,却又是那么不高兴。那时候,我忽然感觉到瑟瑟的灵魂里有种扭曲的东西。那东西蠢蠢欲动,要破壳而出,而她很努力地在压制。她的脸渐渐消失在后视镜里,终于被夜色吞噬了。

毕业典礼那天,我请阿金做我人生一个阶段的见证。但她拒绝了,她说我爸爸会来。我抱住阿金温暖的肩膀,说我不在乎周文忠会不会到。

"反正他那么忙,对不对,他总是忙。"

阿金笑眯眯地在我胸前别上一小枚祖母绿胸针,那胸针是我妈妈留下的。我知道阿金的意思,轻轻握住她的手。我没有哭,阿金却流泪了。

典礼开始前我收到爸爸的短信,他说他一定会到,但可能会晚点。校长讲完话,开始颁奖给优秀毕业生,直到我领完奖下台,我始终没有看到他。从主席台侧边下来时,我没有回自己的班级,而是悄悄绕到三班的位置。

可我扫视了几个来回,都没有发现瑟瑟。我掏出手机给她打电话,响了很久才接通。她在电话那头声音雀跃,像一百只蝴蝶被笼在网里。她说她在行政楼的大厅:"你来,其姝。"

我踏上林荫尽头的大厅台阶，先是看到了瑟瑟的母亲，美丽成熟如同放大版的瑟瑟，她们彼此挽着手在说些什么。真像啊，如同两个一模一样的俄罗斯套娃。

我如此想着，看见两个精致的陶瓷娃娃朝我走来。随后便看到了我的父亲周文忠，而他脸上还没来得及褪去的笑容，在见到我的一瞬间冻在了脸上。

"爸爸。"

我们同时开腔，但这语调是如此不同。我的声音低沉下降，而瑟瑟的声音高昂而轻快——爸爸。爸爸夹在两个女儿中间不知该如何应声，爸爸的名词空荡成不存在的符号，连同他这个人。我盯着邱瑟瑟的眼睛，忽然想起她何以要来我的寝室找我；我想起她恶意满满地说，就是喜欢看"女生们讨厌我又不得不巴结我的样子"；我想起瑟瑟和我一模一样的暗玫瑰色吊带裙，我的爸爸为什么不回家；我想起母亲在下雨天的窗台前哭泣……原来如此。

难怪她的声音里有一百只蝴蝶笼在那里，一百只蝴蝶在"爸爸"声中冲破藩篱，翩翩飞出。我伸手一巴掌打在邱瑟瑟的脸上，只觉得麻木，像是打在一个蝴蝶飞尽的骷髅上。

"其妹，我不是故意的……"她竟然开始哭。

爸爸拉住了我的胳膊，他说不要欺负妹妹。他说"欺负"时咬字很重，他眼里有担心和恐惧。那恐惧是对我的，那担心却是为了瑟瑟。

"我不会打她了。"我转头对着周文忠，摘下我胸前祖母绿的胸针。我将胸针举到他的面前，克制又冷静，"记得这个吗？妈妈最喜欢的珠宝，还是当初你送的礼物，我真为她感到不值。欺负？她是我哪门子的妹妹？你们这一家子，爸爸不是父亲，妈妈不是正妻，女儿不像女儿，倒是我打扰你们了。"

我转头走下台阶，始终撑着没掉眼泪，只觉得这台阶又艰难又漫长。我摸出手机拨打阿金的电话，打了很久却提示空号。我慌乱地低头一看，眼泪忽地大颗大颗落下来，原来我无意识中拨的是妈妈的号码。

没过多久我便离开了中国。

其后我在纽约念大学，恋爱，过普通的生活。四年大学，假期我从不回去，拼命地靠实习赚一些生活费。毕业后我拿到offer，第一时间卖掉了深圳的房子，接阿金来了美国。

6

结识许廷辉是在大学生团契上，我来这里只是因为我寂寞。

以前没有朋友，独来独往也不觉得难过，但瑟瑟离开后，我心里开始有了空洞。我为之付出两年时间和感情的朋友，在最后狠狠摆了我一道，这种巨大的挫败感几乎令我丧失了对他人的全部信任。我的学业仍然年年拿优，但这更像是一种习惯，没有过去也没有未来的空无状态再度笼罩我。

第一次团契结束后，坐在我左边的少年跑来跟我介绍说自己叫许廷辉，我当时以为他只是性格外向，后来每次他都坐我左边，甚至会跟其他人换座位来达到目的，我才隐隐觉得奇怪。

"你为什么非要坐我的左边?"我毫不留情地向他发难。

"因为这样可以离你的心近一点。你如此美而伤悲。"

我注视着他的眼睛,但那里面没有油腔滑调。他十分真诚地回望我,他的眼睛莫名令我感到宽慰。

许廷辉常常陪伴我,我在男女关系上没有经验,打越洋电话给阿金,阿金说这就是喜欢,喜欢一个人才会总想跟他在一起。

于是我接受了廷辉的约会,他是一个非常单纯的男生,养灰色的猫咪,会做中餐和西餐,将家里打扫得十分干净。

我和廷辉预备结婚,婚前他带我回国见他的父母。那是住在北京海淀高校区的一对教授夫妇,和睦且单纯。廷辉最吸引我的是他身上与世无争的气质,直到见到他的父母,我才恍然大悟,我在廷辉身上依恋的,是源于自己破碎家庭的缺失。

我们决定在北京举行婚礼,廷辉妈妈陪我们买了戒指。我像所有幸福的新娘一样试婚纱,拍巨幅的亲密照片。在拍照时,摄影师说,新娘这么漂亮,要多笑一笑。

我不笑吗?我诧异地摸自己的脸,真的,我的嘴角抿得紧紧的。

许家的聚会上,我被介绍给很多亲戚,他们听到我念书的学校,我得到的工作,纷纷发出赞叹声。

有一天廷辉外出和中学同学聚会,那日北京下着雪,我站在窗前看雪,只觉得这里的雪灰而细碎,同纽约的鹅毛大雪很不同。我们已经吃过晚饭很久,廷辉还没有回来。许爸爸出差,许妈妈已经睡下了。我听着客厅金鱼缸里绵密的水泡声,所有的灯都熄了,只留金鱼缸上方的景观灯还亮着。

这时,门卡"嘀嘀"地响,廷辉回来了。我抱臂站在窗前的暗黑里,雪在我身后纷纷扬扬下着。隔着金鱼缸灿烂的水草和金色鱼群,我望见气泡影里如藤萝般缠绕在廷辉身上的,是我睽违已久的"妹妹"——邱瑟瑟。

大雪落下的时候是有声音的。

鲁迅说雪是死雨的精魂,这比喻真好。我从前不知雨也可以有灵魂,它死得那么不甘心,所以仍要降落,将水所不能冲洗的脏污,都覆盖上去变为白色。

邱瑟瑟和我,隔着四年的光阴,在餐桌的两端坐着。我闻得到她身上清冷的雪松气,她的脸憔悴了许多,但还是很漂亮的。成年后的邱瑟瑟褪去了少女的幼嫩,细细长长的眼睛,雪白的皮肤,纤细的鼻和嘴,美得令人见而忘忧。

廷辉忙着冲茶,他向我解释说瑟瑟是他朋友的女朋友,两个人在饭局上吵了起来。瑟瑟醉得厉害,一直寻死觅活,他怕她出事,只好将她带了回来。

我坐在餐桌前,转头朗声问廷辉:"那么多男人,怎么就需要你许廷辉英雄救美呢?你不说,我还真看不出来她醉了。"

廷辉的脸红了,他端着茶盘过来,紧张地看看瑟瑟,又低声下气要拉我去别处说话。我不肯起来,他无法,也坐下来。

这时,瑟瑟开口了,她轻声解释:"抱歉,其姝,我不是故意的,我不知道他有女朋友,我在北京没有住处,早知道我就……"

"所以全北京都没有酒店吗?你也太不自爱了,你跟你妈是不是见不得男人?"话咄咄逼人地冲口而出,瑟瑟像迎面被泼了一杯热茶,五官顿时扭曲起来。廷辉站起来就拖我,要我回房间冷静一下。他说他从没想到我会说这么刻薄的话,我心里也觉得惊讶,我说我也从不知他可以这么粗暴地拖我。

许妈妈被客厅的吵闹声惊醒,披着睡袍出来。看见一身酒气的瑟瑟和脸色晦暗的我,她顿时明白了,要廷辉把瑟瑟带走。廷辉身处两难之间,竟赌气进了房间不再出来。我忽然感觉到了陌生,十分的陌生。窗外的大雪此时此刻此地就下在我们之间,被白色覆盖住的,是我与廷辉互不相知的事实。

我当夜收拾行李搬出了许家,廷辉没有追出来,我也没有回头。纽约的寂寞令他眼里看得到周其姝,回国后就不再是了。我竟觉得心底发寒,纽约冷,北京更冷。我原以为在这场感情里,不快乐的只有我,原来他也是。

我之后搬到加州,又断断续续在美国流连了两年。阿金是潮汕人,不习惯美国的食物和气候,终于在这一年的中秋后,我们回了中国深圳。

我很快进入外企做事,常常沪深港三地跑。阿金抱怨我的工作比在美国还忙,问:"其姝你什么时候才结婚生子?"我笑说大抵那个对的人迷了路,又或者我婆婆爱子情深,不肯放他出来认识我。

有一天下午,我从上海出差提前回来,发现阿金不在,到很晚阿金才回来,神色倦倦的。我问她去了哪里,她矮小的身影在厨房里默默站了好久,我忽然发觉她瘦了许多。

"其姝,先生已经没有时间了。"

我在医院里看到周文忠时,几乎以为认错人了,他原不是那样的。

我幼时记忆里的他,长身玉立。他在书房里办公,靠墙常放着黑塑胶皮的杠铃。他跑马拉松,每周两次去健身房做器械。同龄的中年人应酬出一个大肚腩,他似乎永远都是那么挺拔。

阿金告诉我,他已是胃癌末期,疼得什么都吃不下,蜷在蓝条纹的医院被单下,像被风干的核桃。

我站在他的病床前,并没有坐。我闻到他身上有微微的臭味,这味道又使我茫然。他原先是多么爱美的一个人,我最初对香水的认识,就是他抽屉里的博柏利男士香水。

我没有叫他,只沉默地站着。他似乎也觉得尴尬,先打破沉默。他说"你来了",我点点头。他似乎为自己现在的样子觉得羞愧,用手抹了抹脸,惨然一笑:"小姝,我以为你永远都不会来看我了。"

"什么时候的事?"

"小半年了吧。"他的手骨瘦如柴,松软的皮上连着硕大的针头。他见我盯着针头看,解释道:"留置针,插座似的,一天到晚输液,有了这个就不必总是挨针了。"

我忽然觉得恶心想吐,我没有眼泪,却觉得心间恶寒,汹涌的复杂的回忆激荡上来。我想起以前我也攀在他的膝头撒娇叫他爸爸,想起世上唯有他叫我小姝,想起每次出差回来必要我满房间找他送的礼物……我们何以变成今天这样客套又悲哀的陌生人,只觉得难受极了。

我去看了他不久,有一天阿金回来告诉我说先生走了。走的时候孤零零的,身边没有一个人。

我这才记起邱阿姨,便问起来。阿金说,爸爸在查出病后执意同她分了手,他爱她,不愿意让她看到自己憔悴下去的样子。

"我说这样的话,你大概又要恨你爸爸了。其姝啊,先生最后托我求你原谅他,他只是反复说,很多事他也无能为力。"

他的遗产分为两份,我一半,另一半给了邱阿姨。在爸爸的律师那里,我还见过邱瑟瑟一次。她和她的母亲仍然像一大一小两个俄罗斯套娃,只是娃娃的油彩明显褪色了。邱阿姨老了,瑟瑟看到我进来就如惊兔躲进了角落。我努力不去看她,我怕我仍然会忍不住一巴掌扫在她脸上。

邱阿姨在律师面前仍保持着良好的风度,让我阴沉的脸色显得十分小家子气。我们各自签完字,她过来同我握手,可我没有伸手。她笑笑说:"不小了还这么闹别扭,这年纪都该有孩子了吧。"

我抬眼望着角落的沙发,指着绿色琴叶榕下隐藏着的瑟瑟,也微笑地看着邱阿姨说:"别提了,您后继有人,您知道吗,我的未婚夫还是被邱瑟瑟抢走的。"

连爸爸的律师也微微抬了抬眉,我看到邱阿姨客套的笑容冻结在脸上,像被迫吃了一只活苍蝇那么难堪。转身走出大楼时,我只觉得冷,扮大度谁不会,不过是因为刀没有割到自己身上罢了。

2015年,我开始在网上写一些文章。那时我忽然对金融数字产生了厌倦,父母给我留下许多数字,他们也算世俗意义上的成功者,可他们的数字没有在他们生命的最后带来哪怕是一点点幸福的颜色。

我辞了职,依靠自己写作谋生,将父母的钱每年固定捐给西部地区的贫困幼童做慈善,有时我也亲自去一些贫困地区。离开职场后,我不再穿剪裁利落的套装,也渐渐不化妆,后来为了旅行方便剪了很短的发。阿金嫌弃我的帆布夹克和卡其裤,嫌弃我的头发,她每天念念叨叨,我从不争辩。我喜欢赖在她胖胖的身旁听她念,我如今只有她了。

有一次,我在土克苏市批发市场买了很多新的棉靴和冬衣运去央吉。到央吉已经是晚上,司机将货卸在路灯下就走了。我下了车守在货物旁给央吉小学的老师打电话,我们一早就联系好了的。

露天风大,信号不太好,公路旁只有一家小旅店,我朝着亮着昏黄小灯的旅店里走。这时我感觉仿佛有人跟着我,我疾步走进旅店,却在这里看到了邱瑟瑟。

她显然正在同店主争执些什么,见我进来,一时愣住了。我扭头便朝门外走去,连之前的危险也顾不得了。

出了旅店，路两旁是茫茫的荒野。塔克拉玛干沙漠的风扬过来，夜寒更重了。我一遍遍拨打央吉小学老师的手机，期盼她快快接电话。

我回到货物旁焦急地等待，这时从灌木丛后面跳出来两个人。夜色里，我看见刀子的冷光，他们低声逼迫我把钱交出来，我从声音里认出其中一个就是载我的司机。

我告之我所有的钱除了车费都已经买了童装，他们不信，要脱我的衣服检查。这时我不知打哪儿来的勇气，大声疾呼起来。我看见从旅店里跑出来的瑟瑟。"我有钱，我有很多钱。"她嚷嚷着。劫匪们立即扑上去围住她。我惊慌失措地朝旅店里跑，店老板放我进来后便死死闩上门。我让他报警，他颤抖着说不敢，先前那个女孩也让他报警，可他们会报复他。我努力镇定，自己开始拨打110，一遍又一遍。带着沙砾的夜风呼啸着卷过原野，店里静得可怕。在剧烈的心跳声中，我终于打通了电话。在等警车来的时间里，我怯懦地躲在门后。我不敢出去，也不敢想象，这蛮荒野兽般的夜晚是如何撕碎一个女孩的。

央吉小学的老师说：原来你们不是一块儿的啊？可你们总是前后脚来。

我问她什么意思。

她便不再言语。那个名字，那个案件成为我们心里的伤。

很久以后阿金才告诉我，瑟瑟曾找过她求了很多次。她说她也不愿意要我爸爸的钱，阿金便给了她我的行程安排。每次我去哪里做慈善，瑟瑟总是跟在我后面。

她是在土克苏就发现了货车司机不对劲，听到他跟同伙打电话表示"有钱的肥羊"，可她还是跟过来了。我做完出警笔录就到处找瑟瑟，可那时她已经悄悄离开央吉了。

回到深圳后，我的失眠加重了。夜晚我总是梦见瑟瑟，她在央吉的荒野上追赶我，在大风里喊着"其姝，其姝"。后来她不喊了，我惊醒时枕上都是眼泪。

我联系上当年翠外的同学，才知道她高考没有考好，大学只念了一年便退学了。她后来真的如同高中时流言里那样，变成不自爱的女生。我知道，是我从什么时候，什么地方开始，把她心里的陶瓷娃娃给一点一点敲碎了。

其后我再也没见过邱瑟瑟。只有一次我路过酒吧街，远远看见里面一个女人的侧脸。她像极了瑟瑟，在霓虹灯影里，瘦得颧骨都突出来，和丑陋低俗的男人打情骂俏。她指尖夹着细细的烟，口红糊了但不自知。浓浓的暗影下，我仿佛看到一地海棠花的尸体。

我站在路旁无声地哭起来，我想起十七岁时的瑟瑟和我。她攀着我脖子说"其姝你要爱我"，她在鼓浪屿喝醉酒谈论艾斯黛拉，她站在夜风里幼稚又故作成熟的红唇，她说"其姝，我不是故意的"。瑟瑟，瑟瑟，我终于理解了父亲所谓的无能为力，像当初我被瑟瑟牵着手走出女生宿舍，像瑟瑟冲出旅馆救我，我们毕生注定，无法遗忘生命里那些疼痛和爱的时刻。

瑟瑟和我。

曾有星星为我存在

月亮一如当年,
山也还是那座山,
只是他们都变了,
没有后来了。

冬了

✱ 莫须

一盏路灯坏了，不停地眨眼，也不知何时有人来修。而莫如许的白星珀坏了，永远不会再被修好。这漫漫长夜，不会再有人牵着她的手带她回家。

/// **冬始** ///

2010年冬天，凌晨一点半，在牌桌下睡熟的莫如许迷迷糊糊睁开眼，看到的就是白星珀掀开桌布露出的带笑面容。

这个素不相识的少年，在发现她时长长地舒了一口气："太好了，我终于找到你了。"说着，他就要伸手来拉莫如许，被莫如许敏捷一躲，从牌桌的另一侧钻了出去。

四下吵闹的牌馆，两人对视着。白星珀告知莫如许，他是"民众里"新搬来的住户，看莫爷爷牌打到一半四处找，说孙女不见了，就帮忙跑出来寻人。

而莫如许在看了白星珀许久，确定这个和她差不多大的小屁孩不是坏人后，才终于把手递给了他。

这时牌馆里有大人发现莫如许了，一惊一乍地叫嚷着要给莫爷爷打电话，莫如许不喜欢听他们的声音，拉着白星珀的手跑了出去。这一年正值冰灾，湖南大部分地区寒冷至极，而在这深冬的夜里，雁城气温维持在0℃以下，莫如许和白星珀的手都冻得冰凉，像一个小冰块粘住了另一个小冰块。

他们牵着手走在回家的路上，小巷子里漆黑无光，需要一些声音来给他们壮胆，白星珀便挑起了话头。

白星珀好奇地问莫如许："哎，这么晚了，你怎么会在牌桌底下睡觉？"

莫如许知道白星珀看不清自己的表情，转着眼珠好一会儿，才不情愿地答道，莫爷爷平时打牌晚归，她一个人在家害怕，就会睡在牌馆的长椅上等，今天实在太冷了，看到有一张牌桌没人用，于是就钻了进去。

他们回到家后，莫如许发现白星珀的家就在自己隔壁一户，爷爷和白星珀的妈妈说了好几声"打扰"，然后拎着莫如许的衣领把她带进了屋。

可是在那之后，莫如许就开始不停地在白星珀家打扰。爷爷的牌瘾怎么也戒不掉，看新邻居是个好说话的主，就每晚把莫如许"寄存"到白星珀家睡一阵，等到牌局结束，再来接她回家。

白星珀家有温暖的炕桌，每天写完作业以后，白星珀就会带着莫如许坐在炕桌旁看电视，桌上摆着白妈妈剥好的脐橙。脐橙是在烧水壶里烫过的，好剥皮，入口温热。

莫如许时常盯着电视里白妈妈放的电视剧出神。白星珀把被子拉到莫如许的腿上盖好，然后拿纸巾帮她擦去眼角的泪："不至于吧，家庭情景剧能把你看成这样？"

莫如许嘴犟："你不懂，我这是联想到了我悲惨的人生。"

父母外出打工，她像一件被落下的物品，摆在爷爷家里。可爷爷牌瘾大，几乎是不管她的，仅是用父母留下的生活费来保证她能吃饱。莫如许觉得自己简直就是苦情剧里的女主角。

可白星珀听完这些，却低下头笑了笑："你才十岁，怎么就上升到人生，你的人生还长得很。"

不像他，悲惨的人生，都快走到了尽头。

/// 冬暖 ///

莫如许后来是从街坊邻居的闲言里，听说了白星珀的故事：白星珀一家从前在省城生活，父母工作忙对他鲜少管教，他便时常依靠泡面和剩菜解决一日三餐。半年前，白星珀在省城的医院检查出了肠道肿瘤，医生说，他大约还能活一年半。所以白妈妈就带他回老家静养，住在小城僻静的一角，给他晚来的关心和陪伴。

在莫如许得知这一切的时候，白星珀已经在她就读的小学办好入学手续，成了她的校友。莫如许简直无法理解这样一个能看见死亡之门的少年会把最后的时间献给学习。可是白星珀说，他的成绩一向拔尖，无论是小升初还是中考，他都会考进他们这里最好的学校，如果可以，未来他想去桂林上大学，看看好山好水。

莫如许趴在炕桌上，歪着头看白星珀："你没有考虑过手术？"

白星珀摇摇头，他告诉莫如许，他的父亲在省城事业单位上班，工资不高，还要供养妹妹，况且手术成功的概率不过30%，一天和一年半做注，他不是好赌之人。

这时白妈妈端来刚熬好的中药，这是她带白星珀到一个老中医那儿求来的方子，虽无法根治他的病，但总归是能起到一些作用。

莫如许主动帮他吹起滚烫的药汤，白星珀在她耳边轻声说："你放心，我一定会和你一起上中学的，别听他们说的什么一年半两年半，其实我没有那么相信医生。"

"那你相信什么？"

"我相信我自己。"

几年前报纸上刊登过一则新闻，医生把一张癌症诊断书给错了患者，结果拿到诊断书的患者在几个月后被活生生吓死，而真正身患癌症的那名患者，不知不觉多活了十年。

白星珀想活，但他也没有那么纠结生死，他只是想多陪一陪妈妈，用他还算坚强的意志。

于是在后来的几年里，白星珀先后考上这里最好的初中和高中，中考分数更是全校第一，而每天和他黏在一起、数学却只考了三分的莫如许被爷爷拿着扫把在"民众里"大院追了一圈。

最后还是白星珀看不下去挡在莫如许身前，莫爷爷怕伤着他，才不情不愿地放下扫把。

莫爷爷质问莫如许脑子是不是用来养鱼了，只蒙选择题也不至于考三分，莫如许却鬼脸一做："太累了！睡着了！"

莫爷爷一听这话更加生气，骂她每天吃喝睡像猪一样还好意思喊累。可是白星珀知道，只有他知道，中考前一天白妈妈去附近药房买药时发现有一味药暂时缺货，莫如许骑着自行车围城绕了一圈，她是为了帮他找药。

/// 冬疑 ///

莫如许后来还是和白星珀上了同一所高中，她是特长生，没有被中考时遭人耻笑的三分数学试卷绊倒。但很可惜的是，白星珀在重点班，他们只是同校而已。

省重点距离"民众里"不算近，莫如许是体育特长生，每天早晚的训练让她没办法赶回家，只得住校。白妈妈为了白星珀能够按时喝药，在学校附近租了一套很小的房子，他们母子俩住在里面，莫如许偶尔会去蹭饭。

莫如许不再像小时候那样成天惹事，但她依旧不是一个乖巧的姑娘，她剃了寸头，穿着男款的T恤和短裤，每天大大咧咧地走在校园里。

白星珀虽然每天坚持喝药，他的身体却越来越瘦，有时和莫如许这个177的大高个站在一起，像一个瘦小的随从。

白星珀心里有没有什么隐秘的想法，谁也不知道，唯独他的自尊明明白白地写在脸上。

他渐渐不太爱和莫如许站在一起，偶尔在校园里碰到，他也会拒绝和她如从前一样勾肩搭背，只留下一句"晚上我妈做了好吃的，你下训记得过去"就匆匆离开。

莫如许每天下午结束训练的时候，重点班已经提前开始了晚自习，即使她去白星珀家吃饭，也根本碰不见他。莫如许只能把他堵在学校的角落里："白星珀你脑子是不是坏掉了？我又没惹你，你躲我干什么？"

白星珀整个身体向后压在墙上，低着头不看她："你没听见那么多人说闲话，这不是怕给你丢人吗？"

莫如许很认真地看着白星珀："白星

珀，你真的是学习把脑子学坏掉了，你是没听见，其实还有一些人说，就我这虎背熊腰的，看起来就像你的保镖，是为你这种天才在未来大放异彩而保驾护航的。"

流言千种万种，可事实怎么样，还要当事人说了算。在莫如许心里，白星珀从麻将桌下把她叫醒时，就是她认定的伙伴。

正好下午两个班的体育课撞上，体育老师才吹哨宣布自由活动，莫如许就跑到树下找白星珀玩。

白星珀因为身体原因平时是不需要上体育课的，点完到之后就会回教室看书，他能坐在树下等，就说明他暂解心结，给了他们的友谊一个见光的机会。

莫如许拉白星珀到沙坑旁玩双杠，白星珀小心翼翼地坐上去，却还是低着头，有些不自在地看着四周。莫如许要他注意安全，随即双手撑在白星珀身旁的双杠上，表演了一个完美的翻跟头。

身后不知道哪个多事的家伙起哄："白星珀，你也来一个？"

莫如许恶狠狠地瞪过去："你最好离远点，要不然你许爷先给你表演一个脚踹二哈。"那个男同学姓哈，听到这话立刻识趣地闭嘴走开，白星珀忍不住扑哧一声笑了出来："小许，你这也太凶了吧？"

"这是他活该，以后有谁再多舌你都交给我。对了，你知道你许爷双杠为什么玩得这么溜吗？"

"为什么？"白星珀很配合地表达了疑问。莫如许阴恻恻地看了他好一会儿，才歪头邪魅一笑："因为爷是——杠精。"

/// **冬锦** ///

杠精许爷不怕流言蜚语，也有勇气反击所有闲言碎语，她就差没在脑门上贴几个大字——白星珀是莫如许的人。

但就她这样一天跑重点班所在的六楼三次，让人想不知道都难。

"白星珀，好烫好烫，你快出来接着！"前段时间学校下发了意见表，问各班级需不需要安装公共饮水机，如果班级里大多数同学同意的话，需要集体缴费。

重点班的尖子生都是"神仙"，下课就在座位上待着，说是早上在食堂打一壶热水够用到放学，极少有人愿意单独花钱安装饮水机。而莫如许所在的那个平行班，是全年级最不守纪律的班级，同学们把喝水和上厕所奉为一天最重要的事，更有甚者，上自习课还要窝在后排偷吃泡面。

这又到了冬天，白星珀怕冷，坐在开着热空调的教室里，穿着厚厚的棉服，他握笔时手还经常发抖。于是莫如许买了超大号的热水袋，每天早中晚三次灌好热水送上去，再在下课时把凉了的热水袋拿回来换掉。

听到莫如许的呼喊，白星珀从座位上站起来。

莫如许用两根手指把热水袋递进去，白星珀接过，隔着这条小缝，他问她："今天上午教导主任来我们班代课，叫我多劝导劝导你，让你快高考了好好学习，还问我吃不吃面……你又犯什么事了？"

莫如许眼珠子四下转着，嘿嘿笑道："他还真找你了啊。"

今天自习课时莫如许又躲在座位上吃面，被教导主任抓个正着。教导主任对着她劈头盖脸一顿训斥："我说莫如许同学，你一个女孩子，学习作风怎么能如此差劲，我可听说你和重点班的白星珀关系不错，你怎么就不知道向人家学习？"

莫如许已经习惯被抓包，并没有当作一回事，她小鸡啄米似的点着头，敷衍地应和，目光却始终没有离开那碗香辣牛肉面。

教导主任更生气了："我要你多去和白星珀同学讨教，你有没有听进去？还有，每次都被老师教训，自己没什么话想说？"

"那……"莫如许沉默了好一会儿，才憋出这么一句，"老师您问问白星珀同学要不要吃面？"

莫如许其实知道白星珀不能吃泡面，但她就是忍不住地嘴欠。白星珀如今连普通的白米饭都很难吃下，稍硬一点，就会让他的肚子一阵绞痛。

白妈妈给煮的饭像粥又不像粥，里头放少量的青菜、南瓜，都煮得很绵软，像一团泥。

白星珀不再和同学们坐在一起吃饭，他总是端着他特殊的饭碗坐到角落，他用脊背挡住那并不好看的食物，就像挡住他依旧脆弱的自尊心。

莫如许尽量避开这样的话题："老白，我马上就要出去校考了。我已经把给你送水的大任交给了我同桌，你到时候可千万别跟他客气。"

白星珀看了她许久，想说的是不用麻烦了，到嘴边却变成："你一个女孩子，出门在外要当心。"

莫如许咧开嘴笑，那条狭窄的门缝不知不觉间拉宽了许多，仿佛有一束光照进教室里。白星珀抱着那个滚烫的热水袋，心头也变得温暖起来。

/// 冬寻 ///

距离高考只有不到半年，白星珀每天坐在教室里奋笔疾书，而对学习完全没有天赋的莫如许只能选择另辟蹊径，辗转各地参加艺术校考。

这一年莫如许经历了很多第一次——第一次独自出省，第一次坐整宿的绿皮火车，听着隔壁床的大爷打呼噜到天亮……再归来时已是年关了，跨省票难买，莫如许在购票软件上一通乱翻，咬咬牙买了机票。

那天中午莫如许在机场附近吃面，一边打电话给白星珀控诉："老白我跟你说，这机场周围的店也太宰客了，这么少的面，敢卖四十几，早知道我就自己带泡面了。"

白星珀在那头催促她："你少说话，赶紧进去候机，别误了时间。"

"不会，还有半小时呢，我平常坐高铁提前十分钟进站刚好。"

莫如许不知道机场过安检手续这么烦琐，不知道登机口会那么快关闭。当她一路狂奔却仍错过登机后，站在原地差点急得哭出来。

取回行李，坐在陌生的机场，莫如许再次打电话给白星珀。她不知道要去哪儿，也没钱再买一张机票。

白星珀接着她的电话不停叹气："你

先找地勤问一下哪里有自动取款机,然后把卡号发给我,我让我妈给你打钱。"

在白星珀的指导下,莫如许冷静不少,她一步步把能解决的事情都解决了,可生活还是没有轻易放过她。

继三点的航班没赶上后,莫如许买的第二张机票本应在五点起飞,却因各种原因延误,直到九点半她才顺利登机。独自滞留机场消磨一下午的时光,莫如许疲惫至极,关机前给白星珀发了最后一条短信,就靠在椅背上发起了呆。

飞机降落黄花机场是晚上十一点,坐火车回去要两个小时,回家至少要到凌晨一点半。如果在省城住一晚,她半夜能找到合适的酒店吗?

夜幕下,窗外云层像被谁弄脏了,灰扑扑的一片,看得莫如许心里更加难过。

直到飞机平安落地,昏昏欲睡的莫如许听着语音广播强打精神,掏出手机开机。屏幕刚亮起,就有一条十分钟前收到的短信跳了出来:"出机场走到马路边有一排的士,我在最后一辆。"

眼泪一下就从眼眶里滚落下来,拿到行李后莫如许一路狂奔到马路边。白星珀裹着厚厚的羽绒服,站在路灯下。路灯暖黄色的光洒在他的脸上,他像神祇,站在云端指引他的生灵。

白星珀带莫如许去火车站坐绿皮火车,莫如许紧绷了一天的神经放松下来,看她累,白星珀让她靠在自己的肩头休息:"睡一觉吧,到站我叫你。"

莫如许摇头:"我睡不着,这么晚你怎么过来了?"

白星珀的作息时间非常规律,特别是冷天,通常七八点就洗漱上床,第二天早上五点就会爬起来。莫如许从来没见白星珀睡过这么晚的觉,还是冒着如此寒冷的夜风,来接她这么个傻蛋。

白星珀望着莫如许,布满血丝的眼睛里满是宠溺:"反正你不平安到家我也睡不着,干脆就来接你了。这么晚,有人陪你你才没有那么害怕。"

就是这一刻,莫如许好希望这个世上真的有神祇出现,能听到她心底疯狂的呐喊。她想要白星珀永远待在她身边,哪怕用她的生命来换。

/// 冬残 ///

这些年白星珀经常说的话,是"莫如许,我想和你一起上初中""我想和你一起上高中""如果我们可以一起上大学"……

他们艰难地走着每一步,终于迎来高考。跨过这一关,就再次走向新的阶梯。

只是就在高考前,六一儿童节当天。清早,莫如许还在和白星珀闹着,讨要属于她的儿童节礼物,大课间白星珀手机开机,就收到了白妈妈打来的数个电话。白星珀的父亲意外去世,人已经被拉到殡仪馆。

那天莫如许是看着白星珀跑出去的,他背影踉跄,她在他身后,忍不住也湿了眼眶。

这天是儿童节,距离高考不到一个礼拜,白星珀只来得及匆匆赶去见父亲一面,就被老师叫回,说逝者已逝,他不能落下学业影响高考。

白星珀是当天下午赶回来的。学校统一拍毕业照，莫如许所在的班级先拍，结束后她未和那些关系不错的同学合影，匆匆赶去白星珀的班级找他。而白星珀虽瘦，但个头不矮，站在班级后排的正中间，对着摄像头红着眼露不出一个笑容。

后来四下喧闹，他们躲在一处无人的树荫下，像被人群屏蔽。白星珀本是久病之人，看淡生死，可从未想过会有这样的一天："我以为，他怎么都不会走在我的前面。"

莫如许不知道该如何安慰他。她是那么笨拙，只能伸出瘦弱的手臂，将他揽入怀中。

莫如许和白星珀上大学的那几年，合租在一个不大的出租屋里。

白星珀长成了一个大男孩，他不再需要白妈妈时时刻刻的照顾，而这个时候妹妹考上高中，妈妈理所应当在省城照顾妹妹。

白星珀学会了做饭，尽管他自己吃得很少，但他每天都会把莫如许的饭菜准备得十分精细。莫如许喜欢吃面食，白星珀变着花样给她烙饼、做各种面条，但每一次莫如许想帮他分担一点的时候，他就会把莫如许赶出厨房："你做事马马虎虎的，这些交给我就可以了。"

莫如许争取道："你身体这个样子还每天给我做饭，我其实随便吃点就行了……"

"做饭是很有幸福感的事。"白星珀突然停下手中的动作，"我不知道我还能给你做多少顿饭，也许有一天你想吃的时候，我都没办法再给你做。"

莫如许突然有一点想哭，白星珀拿着锅铲的手腕青筋都暴起，薄薄的皮下，不见半点肉。

莫如许清楚地知道自己终有一天会失去他，这一天也并不会太遥远，但她装作不在乎，她笑着说："到时候我就自己会做饭了。你想做你先做，等你不想做了我再学。"

白星珀看了她好一会儿，点头说"好"，他们都没有让气氛过度伤感。

晚上他们坐在沙发上看电视，炕桌下是莫如许买回来的新火炉，白星珀一个人享用着，盖了厚厚的被子。莫如许坐在他身旁，有一种回到了小时候的错觉。

可是她清楚地知道，他们回不去了。

2020年的钟声即将敲响，十年平安过去，他们却不会再有如此漫长又如此短暂的十年。

/// **冬祭** ///

莫如许再一次感觉到白星珀的身体很不乐观，是在他们即将毕业的时候。

白星珀获得学校的保研资格，莫如许认为以他一心钻研知识的劲，一定不会放弃这样的机会，可是白星珀放弃了。

他放弃了，是他不得不放弃。

在白星珀父亲离开的一年后，莫如许的爷爷也去了天上。所以他们毕业前的这个冬天，因大学放假早，他们便先回到"民众里"，继续两个人的生活。

白妈妈留在省城陪妹妹复读，不想这一陪到了年关，再去乡下外婆家打一转，就被困在了那里。

白星珀给莫如许做年夜饭，几乎翻空

了半个冰箱。除夕夜，十二道菜和一壶还未开启过的米酒，配着电视上春晚的欢声笑语，仪式感十足。

在吃饭前，他们先后给白爸爸和莫爷爷供了香。白星珀家和莫如许家前的空地被两家长辈围出个院子来，他们就在院子里烧起纸钱，风一吹，燃烧的纸钱飞了满天，又在空中化为灰烬落下来。

白星珀蹲在地上呆呆地看着这一切，轻声地念了一首诗："岁末接春冬又回，插香摆碗待人归。亲朋不问当年事，旧纸新钱满地灰。"

四季流转到了春，故人一辞，便又回到了寒冷的冬。今天还拿在手中的纸，不知几时，终将成为另一个世界的钱。

莫如许端了米酒出来："干杯。"

小瓷杯叮咚一声碰撞在一起，随后莫如许将酒下肚，白星珀将酒洒在了地上。

他们依偎在沙发上看春晚，在这一年，这是这个家里唯一的热闹。

白星珀精心准备的十二道菜，只有莫如许一个人吃。除夕夜这天，她颇有仪式感地每样尝了一口，就如往年，他们坐在一张大圆桌边，大圆盘把菜反反复复转到他们面前，莫如许每道菜都尝一口。

但在这之后，莫如许把它们盖上保鲜膜，容易坏的就放进冰箱。每天拿一些出来，微波炉加热，就着挂面吃上一天，从初一到十五，这一桌菜也就算吃完了。这样一来白星珀也省事，十几天里只要简单地给莫如许煮碗面，再不需要做其他的事情。

只是十五过后，白星珀突然犹豫着和莫如许说道："小许……你毕业之后，先在附近待些日子吧，反正现在也不好找工作。"

"可我想去大城市闯闯，你也一起去吧？"

"我去不了了，火车坐得我很难受。"

莫如许没说话，过了很久，白星珀又说："算了，你去吧。对了，以后我每天给你做饭，都把第二天的准备一顿，放在蒸锅里。"

"为什么？"

"这样如果第二天我起不来了，你还能再吃一顿好的。"

/// 冬了 ///

白星珀没有起来的那天，是在很平常的，某一个冬天的清晨。

在此之前的一个月里，莫如许接到白星珀的电话，辞去省城的工作，赶回来照顾他。那时他的身体已经十分差劲，却仍坚持每天至少给莫如许做一顿饭。但在这一天早晨，莫如许去他的房间喊了半天无人应答，最终拨了救护车的电话。

整整两天半，白星珀躺在抢救室里，莫如许每天就在一楼的楼道里走啊走，脑海中总是回响起医生的那一句：心率只有三十几，再晚五分钟送来就没命了。

白妈妈也赶回来了，她们相顾沉默，直到第三天时白星珀醒过来，绷紧的神经才稍有松懈。

"你吓死我了。"莫如许哇的一声哭了出来，白星珀睁着眼睛看着天花板许久，在医生的善意提示下说道："谢谢。"

原来他还有机会再看一眼这个世界。

多年无法好好进食，白星珀严重营养

不良，从抢救室转到消化内科住院。在他一点一点恢复精神的日子里，莫如许也曾抱有过希望，甚至乐观地开导着白星珀。

"我好像已经没有力气走路了。"

"那我以后每天推轮椅带你晒太阳。"

"我想去桂林看看。"

"我去租辆车，我有驾照。你坐不了火车，我就开车带你去。"

但很可惜的是，白星珀出院后最后一次坐的那辆车，没有把他带去桂林，没有送他回家，而是把他送去了那个陌生的、寒冷的冰柜。

他一直害怕寒冷，却睡在了那样的地方。就在前一天，医生把莫如许叫到办公室，直言白星珀近日频繁便血，输血的速度已经赶不上他身体内血液流失的速度，让她随时做好心理准备。

而那一晚白星珀躺在病床上，鲜红的血液染在洁白的床单上，他抱着护栏不停地求助："我肚子好疼，它从来没有这么疼过。"

莫如许哭着问值班护士："你们还有没有办法，可不可以给他打止痛针？"

护士摇了摇头："像他这样的病人我们不敢轻易注射，很可能一针下去就会窒息而死。"

白星珀整个人缩成一团："妈，小许，救我！"

白妈妈别过脸去，双手紧紧地抓住上衣衣角："小许，你来做这个决定吧。"

十年了，他们从死神手里赚来十年，没理由再用他撕心的痛苦，来换取这短暂的时光。

莫如许闭了闭眼，对那护士说道："给他打。"

她们都做了最坏的打算，可不知是否上天眷顾，那针止痛针并未马上结束白星珀的生命，也未就此终结他的痛苦，而是给了他最后一个小时的安宁。

白星珀看着莫如许满脸泪痕，轻声说道："我们……永远在一起。小许，坚强一点。"

"我还不够坚强吗？"莫如许泪眼蒙眬地看着白星珀："你也要坚强一点，撑过去。"

"我还不够坚强吗？"白星珀一下把这句话递了回去，他们对视着，竟不约而同地笑了出来。

他们都很坚强，坚强地面对这些年的提心吊胆，坚强地在灰暗中期待未来。

可是一切早有定数，肿瘤破裂导致的消化道出血，即使神医再世也回天乏术。

那晚白星珀再次陷入昏迷之后，莫如许在凌晨一点的街道上站了许久。一盏路灯坏了，不停地眨眼，也不知何时有人来修。而莫如许的白星珀坏了，永远不会再被修好。这漫漫长夜，不会再有人牵着她的手带她回家。

白星珀离开那天，大街上人来人往，他们结伴庆祝着这阳光铺洒的冬日。莫如许安静地坐在去殡仪馆的车上，把快乐丢在了身后。

那些相互取暖的冬天、相依为命的冬天。

终了，终了。

冬了，冬了。

月亮一如当年，山也还是那座山，只是他们都变了，没有后来了。

当时不识月

※ 水生烟

初夏，连下了几场雨，老城街道排水不畅，几乎漫延成河。公交车还没停稳，沈薇恩就透过车窗玻璃，认出了站在路边撑着蓝色雨伞的男青年。

车门打开，"嗤"地拉着长声，沈薇恩刚起身，穿着黄裙子的女孩已经轻快地抢先一步下了车。男青年立刻迎上来，踩进低洼的积水里，将雨伞撑在了她的头顶。

沈薇恩收回视线，"砰"地撑开了手里的雨伞。她的雨伞举得低，伞骨几乎戳在了头皮上，像形迹可疑的特务赶着要去接头。她迈开脚步向前走，雨水"噼噼啪啪"敲击伞面的声音，将身后那对情侣的对话斩得七零八落。

三个人走进了同一条巷子。风雨催促，他们的脚步都不慢，她听见一道男声，不太确定地叫她："沈薇恩？"

她没有回头。风声雨声之间，她只当是幻觉。可是，他提高声音又叫："沈薇恩！"

沈薇恩深吸一口气，做好了表情管理——都是大人了，不可以再七情上脸了，是不是？她慢下脚步，回过身去，笑道："是你呀，陈澈，好巧！"

八岁那年，在某单位退休职工春游活动的大巴车上，沈薇恩第一次见到陈澈。他们都是父母没空管的小孩，只好去做爷爷奶奶不太省心的小挂件儿。

俩小孩四目相对，清澈的目光湖水漾漾一般，照得出对方的影儿。当时，小小年纪的陈澈嘴很甜，他说："你真好看。"

沈薇恩在小黄鸭形状的背包里翻找着，问他："你吃糖吗？我有橘子味儿、草莓味儿，还有荔枝味儿……"

那几年，因为成了好朋友，陈澈和沈薇恩热衷于陪同爷爷奶奶参加老年人郊游活动。他们走遍了这座城市的周边，看过了春天的野花和青草，夏天的湖泊和林地，以及秋天的果园和五彩山峦。

他们常常被大嗓门的大人们包围，有人问她："薇恩啊，你喜欢爷爷还是奶奶？"

她克制着情绪，回答："都喜欢。"于是又有人问："那你喜欢爸爸还是妈妈？"

沈薇恩不想克制情绪了，她说："都喜欢，但我不喜欢问这种问题的大人！"

奶奶嗔怪她："怎么说话呢？没礼貌！快跟奶奶道歉。"

十三岁的沈薇恩叛逆而坚定地摇着头。她才不道歉呢，她又没说错。

身边的陈澈忽然叫一声："沈薇恩，你的脑袋转来转去的，头发挂我拉链上啦！"

于是奶奶们的关注点就都变了，转而去关注女孩的马尾和男孩的外套拉链。

秋天，陈澈终于明白了大人们为什么会问沈薇恩那样的问题。

北城公园的后山上，红色的火棘果在阳光下泛着光亮，沈薇恩伸手去摘，被刺扎到了，就悻悻地收回手，她说："我妈妈出国了，她可能再也不会回来了。"

秋色盛极而衰，秋风扫落了许多红叶、黄叶，落地时带着簌簌声响。陈澈愣愣地看着沈薇恩，他以为她会哭，可是她把手指放在唇边吹了吹，很快就仰起头笑了，她说："我想喝奶茶，要加很多珍珠和椰果！"

陈澈立刻回应道："好！加很多小料，加到没有地方加奶茶那种，行吗？"

他的豪言壮语终于把她逗笑了。

十六岁时，沈薇恩和陈澈绝交了。起因是陈澈想换个新发型，结果剪毁了，用他自己的话说，就像被狗啃过的草地。可是剪毁就剪毁了吧，他见到别的同学照样谈笑风生、勇于自嘲，一见沈薇恩出现，他就抓起外套的领子蒙住脑袋，跑得比兔子还快。

放学时她和往常一样站在校门口等他一起回家，可是直等到人群越来越稀拉也没见他出来，后来才知道他早就和别人一起走了。他不理她，她就也不理他。这世上有那么多人，每个人每天又有那么多事情要做，谁疏远了谁、亲近了谁都不奇怪，是不是？

等陈澈再来找她时，她已经有了另一个一起放学回家的伙伴。她们手挽手经过他身边，她赌着气，看都没看他。

那年，陈澈的个子蹿得快，笑起来明亮又张扬。因为贪玩，他的成绩总是上蹿下跳。陈奶奶絮絮地嘱咐着："你看薇恩的成绩多稳定，你跟人家好好学……听说她妈妈想把她接到国外去，她爸又不肯，吵得……"

那晚，陈澈做了个梦，梦里似乎是长大后的某一天，他再也没有见过沈薇恩，眼前是那么宽阔的海和那么广阔的天，可是他们再也没有相见。

睡醒之后，他想：好惨啊。不像现在，她的教室就在他的左边，哪怕一整年不说一句话，但他知道，她就在那里，不近也不远。

第二天中午，吃过午饭回来的沈薇恩在课桌里看到了一罐水果糖，橘子味儿、草莓味儿、荔枝味儿。

她剥开糖纸，悄悄地放进了嘴巴里。几天后，陈澈打篮球回来，见沈薇恩正在排队买冰激凌，他站在她身后，小声问："你……要出国了吗？"

沈薇恩头也没回，马尾却晃了晃。

陈澈笑起来，篮球快活地在手里连连转圈。他像一棵春天的树，藏着千情万绪，却尚未开出一朵像样的花——尽管说不出一句合适的话，可他知道自己的心啊。

读高三时，任凭再怎么刷题，沈薇恩的物理成绩仍然是短板，总也提不上来。压力最大时，她也做过叛逆小孩，旷掉了一天的课。

下午，陈澈在公园后山找到了她，给她带了奶茶和薯片，就像春游。树木刚发新芽，堇菜在地上铺着一片紫烟般的小花，他坐在台阶上，看着她"咕噜噜"吸完了奶茶杯里的最后一颗珍珠。

他安慰她："谁还没个短板呢。我跟你说，我每次写作文，都感觉每个字都像一块砖，我搬啊搬啊……"

下山的路走起来很轻快，春风过耳，轻软得如棉如纱。夕阳在天边涂抹着大片的赤红与橙黄，而遥远的另一端却显出了淡淡青白，大群大群的鸟儿掠过了天空。

他们就像童话里的两个孩子，正并肩穿过神秘的大森林，沿途有美景也有野兽，有巫婆也有猎人。只是，等到再长大些，同伴常常走着走着就散了。

得知沈薇恩出国的消息时，陈澈红头涨脸地质问："你不是说不走吗？"沈薇恩解释的话说了不少，可是他的落寞和恼火半点没消："你就是个叛徒！"

十八岁是成年人了，可谁说成年人就做得了自己的主呢？更何况，每个人都有自己的路要走。

整整四年，青梅竹马变网友，一个渐行渐远渐无书的过程。

最后一次视频聊天时，他问："还没有男朋友吗？条件别太高了，不然可能会体验不到恋爱的美好。"她恼了："你管我高不高？和你有关系吗？"

他的表情愣愣的，接着，也许是网络问题，也许是他生气挂掉，视频忽然就断开了。他没有再拨过来，她也没有。

毕业之后，沈薇恩回到了国内工作。她这次回来，是处理爷爷奶奶的老房子。

落雨的巷子里，她的笑容温和而疏离，陈澈身边的女孩紧揽着他的手臂。

打过招呼，她转过身继续向前走。尽管雨点密集，却也与往常的雨天没什么区别，总有云开雨住的时候，不是吗？

傍晚，雨停了。夏风将积云越撕越薄，云朵由暗灰色转为了纯白。

北城公园的后山上，沈薇恩再一次见到了陈澈。隔着四年时光，他一言不发地坐在了她身边的石阶上。后来，他们开始聊天，聊学业、工作和家人，说的多了，不免话题跑偏，提到感情线。她笑，他也笑，接着一起沉默。

遗憾吗？或许有，一小撮，不够起风波。

天光转暗的时候，他们下山了。老城里街灯乍亮，景色明明暗暗之间，仿佛失了边界。他们一前一后地往回走，他看着远处朦胧的风景，说："月亮出来了。"

她笑了笑："那是路灯的光啊。"

远远的山尖上，月亮像隔了一层蒙着雾气的毛玻璃，只剩淡淡轮廓。

月亮一如当年，山也还是那座山，只是他们都变了，没有后来了。

朝闻道，夕死可矣。

✽ 温良

少年游

1

2021年的春天，围堤道旁的玉兰开了又谢。

三阶段的研发异常顺利，让我得以体验了一整周下午三四点钟就能晃荡在大街上的闲散人的感觉。

从研究所走回家，要经过一条正盛放着西府海棠的窄街。下午这个时段，街道还没被下班的熙攘人群和长串车辆占领，沉静空气里尽是隐约的花香。驻足一会儿后，我心思一动，拿出从实验室随手带出来的透明盒子，捡了一小盒落下的花瓣带回家。

舒澄就喜欢这些玩意儿。

他的喜好有时令我捉摸不透，别人的男朋友会因为昂贵耳机和键盘这种礼物欣喜若狂，他却宁愿我在他生日时端起一盆清水到院里，跟他一起看那一轮八小时时效的短暂月亮。

岑岑刚好打电话过来跟我闲聊，我随口跟她说起这件事，她听完在电话那头冷哼了一声，斩钉截铁地下了个定义："艺术家的怪脾气。"

我不置可否，装作一副大师的语气："可他最招人喜欢的不就是这点吗？"

岑岑无语了几秒，最后发出了几声做作的干呕，毫不客气地挂断了电话。

我拿钥匙打开锁，推开了家门时，唇边的笑意还没淡去，一抬眼就看见了坐在沙发上的舒澄。

这本来不是他会在家的时间段，可此刻他却随便披着件衬衫，正看着面前的电脑。客厅窗帘被拉得严严实实，完美阻隔掉了这个春日下午的太阳。他显然听到了我进门的声音，偏过头来，昏沉光线让我看不清他的表情，只听见他平淡地说："回来了。"

我高高兴兴地把装花瓣的盒子放到茶几上："最近工作轻松呀，回来都超级早，你今天怎么也这么早回来？片子剪完啦——"后半句话被舒澄打断。

他认真看了我一眼，叫我的名字："姜好好。"

空气凝滞在这句莫名其妙的话里。岑岑这张乌鸦嘴，还真被她说中了，舒澄这个艺术家的怪脾气。

我们坐在沙发的两端，茶几上那一小盒海棠花瓣兀自释放着馥郁香气，我突然不知道该说些什么好了。

最后还是我试图换个话题，偏过头问他："舒澄，明天周末，想去做什么？"

他没抬起头，冷静地说："剪片子。"

我呼吸紧了一瞬，试图在他脸上窥探到一点少年时我熟悉的热烈，可是我看了他好久，却只能看到他清瘦身体里那苍白的灵魂。

那一刻我突然想到刚认识舒澄的时候。他像那个年纪大多数男生一样，有那些独属于中二时期的冒泡儿傻气和恨不得仗剑走天涯的少年意气。

这是热爱艺术的代价吗——我痛苦地想。

要以一副鲜活灵魂的枯竭为代价，去换那一点点乍现的灵气。

那个实验一中的舒澄，好像早就在某一个我尚未注意的时刻，沉默着离开了我的世界。

2

十年前的实验一中，谁不知道舒澄。

所有人提到这个名字，都会露出那种微妙的表情，羡慕中混合着一点点的嫉妒。

年少时代评判人的标准总是足够简单，无非脸蛋和成绩这两样，偏偏有人仗着老天眷顾，非要把两者都占个遍。

我本对那些婉转的少女心事没有兴趣，奈何身边有一个牢牢把握校内一手新闻的岑岑小姐。拜她所赐，我即使连一次同舒澄正面相遇的经历都没有，却也完整了解过他的风光事迹——

这些信息的作用尽数体现在那个令人昏昏欲睡的午后，我在团委值班时。

舒澄突然出现在我的视野里。他自门外敲门后进来，对我说了很长的一句话。

彼时我尚未从温暖阳光和大段外语阅读的双重助眠中回过神来，揉揉眼睛："你要做什么？"

"成立电影社团。"舒澄被我稍大的反应弄得皱了皱眉。

我显然不能讲遇见他才是我表现得如此失常的真实原因，只能委婉地借坡下驴："嗯……实验一中已经连续几年没有成立新的兴趣社团了，加上我们现在是高三，所以不一定能够成功哦。"

"没关系，先申请着。"舒澄好像对我这样的官方说辞早有预料，把一个浅蓝色透明文件袋递给我，"资料我已经按照成立新社团的规章准备好了。"然后，他又补了一句："对了，我叫舒澄。"

我当然知道他叫舒澄，这样的一张脸，我早就在岑岑那些用来强烈安利的照片里见过无数次。我微微低着头，继续说着官方至极的回复："资料我收下了，我会帮你提交到团委老师那里的，后面老师应该会同你直接联系。"

"好。"舒澄挑了挑眉，冲我笑了一下，"谢谢，辛苦你。"

文件袋的最上方贴着他的一寸照片，面前站着他本人，我的视线简直无处安放。

3

舒澄的电影社团竟然真的在一周之后顺利成立了。

视觉冲击性极强的大幅海报大张旗鼓地占据了学校每一个明显的公告位，每一张海报下面都围着一小撮低声议论的学生，议论的内容无非是难得一见的新社团，还有那个自带话题度的创始人。

岑岑看着那些忙着往便笺本上记录入社方式的男生女生，在我身边唉声叹气："这就是特权阶级？实验一中三十七个摆设社团何时有过贴海报招新这样的高级待遇！"

事实确实如此，我仔细欣赏海报上选取的电影片段和摘录的拼贴诗，心里想着舒澄的电影社团又能不受约束地活动多久。

后来我才知道，校团委根本没有通过舒澄的社团成立申请。学校果然不能容忍高三学生在这个阶段仍旧看那些"无用影片"，漂亮的海报很快被撕去，舒澄成立的这个电影社团也硬生生变成了不可明说的"地下社团"。

可它的成立者是舒澄，从入学第一天起就不会因教导主任游说而改变自己想法的舒澄。于是每个周五的晚自习，我都能透过手边的窗户看见舒澄和他的朋友打着"准备物理奥赛"的旗号大摇大摆地往主楼走，像《死亡诗社》里那群在树林中穿梭的理想主义者。

和我相熟的学生会朋友偷偷告诉我，他们只是在阶梯教室的大门上贴上了奥赛准备室的标牌，实际是在里面看舒澄准备的电影。

在默默观察的第三个周五，我未经同意借用了他们的借口，仗着年级第一的好学生身份也悄悄加入了这个队伍。

起初，电影社团无人在意我这个侵入者。

我坐在阶梯教室的最后一排，看着舒澄熟练地调试机器，看着幕布上突然出现的黑白画面，也看到电影到高潮阶段的时候，他暂停了片刻，连接蓝牙放起了《革命》。

有人中二地站起来，宽大校服被抛出弧线，像伶仃降落的蓝白伞面："敬自由！"

舒澄站在幕布中控台前，小小的电脑屏幕反射的光照在他充满少年气的脸上，他看起来正在笑，整个场景令人心动极了。

然而这美妙场景连同"自由协会"不过堪堪维持了二十分钟，阶梯教室大门就被闻声而来的教导主任一脚踢开。中年男人站在门口，像瓶底似的镜片后的一双眼像在喷火："门口贴着冠冕堂皇的物理竞赛标牌，你们在里面干什么呢？你们历史学多了？要造反还是要搞农民起义！"

空气凝滞了一瞬，舒澄首先反应过来，笑嘻嘻道："什么啊，范主任，言重啦，我们看励志片儿呢,奥斯卡获奖的!"

直到阶梯教室里人群散个差不多,教导主任才看见了缩在角落里的我,目光逐渐变得不可置信:"姜好好,怎么你也——"

我不知是哪儿来的勇气,竟在他和舒澄的注视之下脸不红心不跳、义正词严地解释了句:"听说肖申克能从监狱里掏出一条逃生路来,我猜他物理一定很好,想学习一下。"

话音落下的瞬间,我看见舒澄露出了很明显的笑意。

那天,舒澄总算主动跟我说了第一句话,他问我:"下周还过来吗,姜好好?"

我毫不犹豫:"来!"

他仍旧笑着,冲我挥了挥手:"那就下周见。"

我含蓄地点了点头,在心里为自己的精彩表演和一阶段成功的作战计划喝彩。虽然我们见面的次数屈指可数,但我知道舒澄并不是大家口中那个有着"完美人设"的舒澄。大家都像是不同特质混合的多面棱柱体。而我也一样,我也不是那个眼里只有死读书的无趣学生姜好好。

直到很多年后,舒澄都以为我们之间的真正开始是这场偶遇。只有我自己知道,这些全部是我的蓄谋已久。

舒澄是我第一眼见到便一定要解开的"数学题"。

"自由协会"事件之后,我和舒澄之间的交集骤然增多,但不再是在电影社团里。

在教导主任的严格监视下,电影社团的活动受到前所未有的限制,周五还是熟悉的周五,阶梯教室还是阶梯教室,只不过幕布上的内容却变成了正儿八经的物理题目。

我高二时就参加过奥赛,对那些竞赛题型早就了然于心,一来二去就成了他们小团体的兼职讲题员,慢慢和舒澄的朋友们也都熟悉起来。舒澄偶尔会在讨论竞赛题时帮我买一杯三分甜的冰奶绿;我课间路过篮球场时看见他们,眼熟的人也会停下来特意跟我打招呼。舒澄在校内的人气不减,连带着和他熟识的我也获得了不少复杂目光的注视。

物理奥赛的省考初赛恰好在冬至那天。那一天我特意买了可爱的橘子挂坠打算送给舒澄,祝他"大橘大利",可是到了他们集合的地点才发现他没来。

我低着头觉得有些可惜,最后是他的朋友替他收下了我的挂坠礼物:"没白买。用来祝他艺考顺利也一样。"

直到那一天我才知道原来舒澄决心考电影学院的导演系,三天前就出发去京城参加考试。听说他这个决定做得突然,为此差点被教导主任拎着扫把追杀。

收下挂件之后,那个人奇怪地问我:"姜好好,你没有舒澄的微信吗?"

我愣了一下,摇了摇头。

当天晚上我把自己裹在温暖的被子里,犹豫了许久才在"新朋友添加"那栏里输入了当天得到的舒澄微信号。系统跳转了两秒,我看到了舒澄的微信,头像是几个奔跑的黑衣少年。

果然是死亡诗社。

舒澄很快通过我的申请，附带一条叫我名字的信息："姜好好？"

我郑重其事地打字："舒澄，艺考顺利。"

舒澄那边发来了一条十几秒的语音，我听见他低低地笑了一声："你也高考顺利，理科天才。京城见。"

我反复听了三遍，忍不住在床上打了个滚儿。

我和舒澄之间的浅淡交集就像断掉的诗句，实际上一直到高考当天，舒澄都没有出现在实验一中的校园里。我曾经偷偷点进他的朋友圈，上一条还是四月份关于艺考成绩公布的消息。一张是成绩查询的页面，一张是我的小橘子挂坠，没有配文，很纯粹的舒澄式风格。

我们平日里交流也很少，下半年接踵而至的五次高考模拟让我无心思考舒澄这道复杂的数学题。一切好像都恢复到了曾经的轨迹，直至七月的尾巴，舒澄突然发微信约我去江城最有名的小吃街。

岑岑得知之后，兴奋得上蹿下跳："能直播吗？我打赌舒澄今晚一定要对你说点什么！"我表现得毫不在意，但强烈的心跳声早就拆穿了我的伪装。

江城临海，夏日夜晚的街道里满是辣炒各式海鲜和冰凉汽水混合的诱人气息。我和舒澄一边聊天，一边走在这样的夜晚里，我偶尔侧过头看他，他黑色的瞳仁比盛着可乐的玻璃瓶身还要透亮。

又走过了一个街角，舒澄突然认真地问："姜好好，高考结束了。你想不想谈恋爱？"

我怔在原地。

5

舒澄做什么都有他独特的风格，连追女孩子这种事情都不例外。

他仗着电影学院和S大不过半条街的距离，生生把S大当成了他的第二校园。明明电影学院有的是篮球场，舒澄却偏要带着朋友来我们这里，夏末的冰奶绿、秋天的糖炒栗子和冬日红彤彤的糖葫芦，舒澄连打篮球都有千万个借口，美其名曰"学数学费脑，急需改善生活"。

所有人都早已默认我们是情侣，可是舒澄还从未跟我正式表白过。

眼看着大学的第一个学期都已经过去，舒澄还是没有丝毫表白迹象，同我明里暗里打听过几次的岑岑都变得逐渐不耐烦，给我连连发起了微信。

彼时我正和舒澄在南门外的小吃街吃热气腾腾的老鸭汤粉，一片氤氲热气里，被我不小心外放出来的岑岑的语音显得格外突兀："我说姜好好，你也不用在一棵树上吊死对不对？大学里帅哥那么多，你随便——"

我万万没想到她的发言如此惊天动地，手忙脚乱地关掉扬声器。再抬起头来的时候舒澄已经放下了筷子看着我："大学里帅哥那么多——"

我毫不犹豫地接："但谁也比不过我对面在喝老鸭汤的这位。"

舒澄很吃我甜言蜜语这一套，挑挑眉低下头喝汤，又被呛得皱眉咳嗽了起来。

他这样一张脸，即使放在美人如云的电影学院也依旧是出众的。我多看了几秒，在心里庆幸自己能早几年遇见这个笨蛋帅哥。

不知道是不是岑岑的那半句话刺激到了他，一个月之后我的邮箱里突然出现了一封来自昵称为SC的人的邮件。里面是一个乱码网址，我原本以为是什么垃圾邮件，却在打算删掉的时刻心思一动把它复制到浏览器里。

网址跳转出一个正方形浮窗，里面有一根红线在歪歪扭扭地画着心形。

背景在自动播放舒澄剪辑的一个视频，他截取了几十部电影里经典的表白情节，在红线按照坐标轴顺利走出心形函数曲线的那一刻，画面拼接成了一封情书。

那头的舒澄似乎知道我已经看完了视频，屏幕黑掉的下一秒，我收到他的微信，一如每日来见我时一样："姜好好，下楼。"

我飞奔到宿舍楼下，毫不客气地品评他的视频："21世纪了，还用心形函数这种老套的表白方式，说出来要被全数院人嘲笑的。"

"可是我不是数院人，对你们这些东西一窍不通，还熬了一整个月的夜。"讲起这个，舒澄的眼睛亮晶晶的，"好好，数学本身便是浪漫的根源。"

我说不过他这个脑回路奇异的天才艺术家，只好佯装无奈地屈从于他的笨拙浪漫。事实就是，在接近二十岁的这个春天前夕，我终于彻底破解了十七八岁时念念不忘的那一道数学题。

6

平心而论，舒澄是很称职的男朋友。

舒澄在离我们学校不远的地方租了一套小公寓，保研后读硕时，我们便生活在了一起。他总是很有仪式感，即使几年过去也能清楚地记得我们之间每一件值得纪念的琐碎小事，并且不厌其烦地准备同上一个纪念日相似的惊喜。我在学校里被课题和实验折磨到身心俱疲的时候，回到那个狭小的公寓就像是回到永远不会存在烦恼失意的乌托邦城堡。

周末的闲暇时刻，我们不是用投影仪看舒澄选的老电影，就是研究一点新鲜事物。有一次我们一起缩在厨房研究刚买的烤箱，试图折腾出一个小蛋糕。可惜我们实在没有料理天分，加热的温度和时间没控制好，打开箱门的瞬间便发生了"小型蛋糕爆炸案"。

白色奶油任性地喷溅在黑色料理台和我的手臂上，我和舒澄愣在原地大眼瞪小眼。

没过上几秒，他突然飞快地跑到书房找出相机，笑眯眯道："好符合韦斯·安德森的色彩美学。"

我忍无可忍，气势汹汹地把奶油抹到他的脸上，最后又和他笑着蹭到一起。

事情从什么时候开始变得不一样了呢。

大概是舒澄从电影学院硕士毕业后，花光了自己的全部积蓄成立那家小小的电影制作工作室开始。

他最忙的时候，我一边拼命维持满绩申请学院内实验室的博士名额，一边着手修改进入到三审阶段的CSSCI。很长一段时间里我们两个人的时间表完全错开，白天黑夜颠倒。偶尔我回到我们共同的那间小小公寓，也只能看到茶几上永远亮着的电脑屏幕和舒澄疲惫的睡颜。

工作室最开始只能和更大的制作公司合作,承担诸如整理分镜和后期剪辑一类的事情。工作室的人不多,一切事情都要亲力亲为,舒澄忙得满城跑,我们一周都见不到一次面,硬生生地像在经历异地恋。

直到有一天舒澄突然对我说:"好好,我可以拍自己的电影了。"

那一瞬间我仿佛看到了初见时的舒澄,提起电影时眼睛里的光像是夏末的火焰,有着能燃烧一切的力量。

晚上我们有仪式感地出门大吃了一顿,玻璃杯碰撞的声音像是通往新生活的风铃,我们都以为这只是日后无尽美好的开始。可是后来……

我看到的只是被艺术吞噬的少年舒澄和变得陌生的成年舒澄。长时间的艺术创作消耗让他整个人变得敏感易怒,有时他心情不错,会邀请我一起看半成品的片子,但很快又会因为我提不出什么建议而变得暴躁起来。我们偶尔会爆发争吵,关系像冰箱冷冻层那一块半碎不碎的薄冰。

他表现出快乐的时刻少之又少,甚至都不再会因我特意带回来的海棠而欣喜。

明明也没有过去多少个春天,可是当我再同舒澄对视的时候,见到的只是完全陌生的脸。

在家里待了整整一周之后,舒澄终于说出最坚定的一句。

"最后一个镜头,我要重拍一次。"

我正在和菜板上表面光滑的洋葱搏斗,没反应过来他的话,只是愣愣地眨了眨眼睛。舒澄又说了一遍,但好像从来都不是在对我讲话,他斩钉截铁地重复:"最后一个镜头,我要重拍一次。"

我回过神来,认真地附和他:"好啊。"

虽然他现在早已不在意我支持与否。

对于舒澄想要做的事情,我从未持过反对意见,尽管总被他理解成是对他的敷衍。其实根本不是这样的,我太清楚舒澄是什么样的人了。我没有办法阻挡他追寻他想要的光芒。

只是我对他的行业知之甚少,他也越来越少把这些讲给我听。我不了解片子的制作流程,不知道成品的制作周期,不知道启动资金和周转资金如何获得,不知道其中无数道关卡。我只知道这是舒澄一定要完成的事情。

所以直到很久以后,我都仍旧以为那天不过是无数平凡日子中的一天。

那天舒澄出门很早,熟悉的器械大车停靠在小区楼下等着他,我在朦胧中看到他穿上那套被他戏称为"战服"的棕色工装,拿走了放在桌子上的黑色剧本分镜册。

我习惯性地对他讲:"一切顺利,早点回来。"舒澄笑了笑,没有回答我,转身打开了房门。

舒澄和他电影的出名方式出乎所有人的意料。

热搜的标题简单直白到令人心悸:新锐导演拍摄片场突遭意外,不幸身亡。

其实每一天都可能会有很多个诸如此类的新闻,我见到类似的新闻真的鲜少会点进去,偶尔出于好奇点进去看上几秒,最多也就是说出一句"真是可惜"。

只不过这一次我成了事情的半个主角。

傍晚时分，剧组的副导演敲开了家里的房门。年轻男生左右手拎满了花束、果篮和各种礼盒包装，面对着我显得手足无措。提到这件事时，他歉疚地看着我，眼睛里面是真诚的惋惜："舒导为什么那么执着于那一个镜头呢？明明没有这个必要的，明明如果他不坚持就不会出现这样的事情的。"

玻璃水杯旁边是那一盒枯萎的海棠花瓣，它们泛黄卷曲，馥郁香气像是来自于20世纪的虚幻梦境。我盯着它看了几秒，轻轻地说："对啊，为什么呢。"

可是舒澄又一直是这样的人。高中时他建立他的电影社团，拼贴海报上最显眼的一句便是——"朝闻道，夕死可矣"。

舒澄的电影上映在槐树的白色花瓣铺满街道的时节。

电影上座率不高，因是正巧撞上黄金档期的大片上映，便只能被排片在无人问津的深夜和清晨时分。

整部电影的大部分情节，因为我陪舒澄看过太多次，都快变成烂透于心的熟悉，唯独最后一个镜头。

在最初的版本里，电影结束在一个阳光温柔的晴天，现在却被他改成了雨天。

连绵的雨水填满整个城市的空隙，顺着晾在阳台未被收拾妥帖的衬衫下摆，一路滴落流淌过公寓的墙体。有一张纸被折成了飞机的形状，缓慢滑过那一片苍白的天际，最后随着那一声刺耳的刹车声音彻底跌入路边的水洼里。

镜头急速晃动了几下，随即整片幕布变成了黑色。

舒澄偶尔会无可奈何地说我"不懂艺术"，我对此毫不在意，时常回赠他一句"搞数学需要什么艺术细胞"，可是在这个影院尚且黑暗的时分，我突然很想问：不管是电影还是人生——

舒澄，这就是你想要的结局吗。

放映厅灯光尚未重新亮起的瞬间，我突然想起很多年前平凡的一天。

当时我还是大一，暑期留校做数学建模大赛的论文综述，终日坐在图书馆阅览室的小桌边自习。有天队友不在，留我一个人愁眉苦脸地整理小山状的实验数据，直至电脑屏幕闪烁两下，进入电量不足的休眠状态。透过阅览室的窗户能看到外面有一小块篮球场，舒澄领着他的一群朋友故意跑到我的楼下打球，薄薄的窗玻璃把木桌和球场分割成两个世界。

有一秒钟，球被篮板反弹开，又重重砸在地面上，噪声听得我眉头一跳。我拉开窗户，伸出脑袋对着下面恼火地喊："喂——舒澄——！"

穿着三号红色球衣的少年猛地抬头看向了我，笑着说："好好，你写完啦？快下来！"

那会儿他依旧年轻，看向我的眼底尚且有着少年人热烈莽撞的爱意，比围堤道上的任何一朵盛放的玉兰都浓郁。

可这些往事很快就浩荡穿过我的青春时代，裹挟走了那些恢宏的明亮时刻。

骤雨不终日

❋ 柒时微

> 那场落在他心头经久不息的骤雨，在遇到她后，终于云销雨霁，得见明媚骄阳。

1

林清霁有个坏习惯，就是每逢阴天时总会抱着或许不会下雨的侥幸心理，运气好的话就不会淋成落汤鸡，但她并不是次次都能如此幸运。

就比如现在，一场突如其来的秋雨打断了她原本的计划，幸好道路两旁都是院落，林清霁小心翼翼地护着手中的木盒，狼狈地躲在某户人家的门口避雨。

大门是虚掩着的，在她稍不留意地转身时，手肘推开了一条缝隙。林清霁刚想把门关上，忽而一道大力从门内涌来，下一秒，一张清秀的脸猝然闯入她的视线。

少年的眼神里闪过一丝讶然，可迟钝的她并没有捕捉到这抹瞬间，而是连连道歉道："不好意思，我只是想借此处躲雨，没有想闯入你家的意思。"

眼前的人并没有怪罪，反而好心地说道："这雨一时半会也不会停，你要是不介意的话，就进来坐一会吧。"

林清霁见雨势愈来愈大，便没有推辞。只是在随着他一同进入屋内时，她发现他走路姿势有种说不出的怪异。正出神时，一道声音打断了她的思绪。

"这是新的毛巾，快擦一擦吧。"她的身侧多了一条干毛巾。

可她第一反应不是先擦自己的头发，而是拿起毛巾细致地擦拭着手中的木盒。

这一举动引起了他的好奇："这个木盒里面是什么东西，很贵重吗？"

林清霁郑重地点了点头，语气也变得严肃起来："这里面放着我爷爷祖上流传下来的古籍，我今天来这儿就是受爷爷所托，找专门的修复师来修缮它。"

"对了，你住在这里，想必你一定认识这位古籍修复师孟肆为吧？"她脑子一转道，"听说他年纪轻轻就已经是小有名气的修复师了，你知道的话能不能告诉我他住在哪里？"

"他没有你说得那么厉害。"他淡淡地开口。

他的反应让林清霁有些不悦："你这话什么意思，虽然我不认识他，但是我听过很多人赞赏他。"

见状，对方反问道："你呢，你也是吗？"

林清霁毫不迟疑地接过话："那当然。"

他的唇角漾开一抹笑意，不再逗她，直接道："你是林爷爷的孙女吧？东西我收到了，明天就开始修复。"

这番话让林清霁一头雾水，半晌她才理清楚头绪，诧异地开口："你……你就是孟肆为？"

"是我，"孟肆为戴上手套谨慎地检查了一番木盒里的古籍，"半个月后你过来取吧。"

林清霁怎么也想不到她竟误打误撞找到了孟肆为，还在他面前说了刚刚那番羞耻的话，此刻的她真想找个地洞钻进去。

眼见屋外的雨势渐小，她忙不迭地逃离，道："初次见面，我如果说了什么不好听的话你别往心里去。那个……我还有事就先走了，东西我会按时来取的。"

见不远处落荒而逃的背影，孟肆为不由轻笑出声，低声纠正道："不是初见，而是……"

2

接到孟肆为的电话是在几日后的一个傍晚。

"修复过程中遇到了一些困难，可能要晚几日才能给你，会不会因此耽误展览？"

彼时的林清霁正为了手头上的事情犯难，半晌才反应过来，告诉他不用着急。

见她语气恹恹的，孟肆为察觉到了一丝异样，在不断地追问下，林清霁这才吐露难题。

其实这场展览是她们学校和市图书馆联合举办的古籍展览活动，本来答应展出明代古籍的私人收藏家孙老先生临时变卦，身为活动工作人员之一的她自然愁得眉头紧皱。

林清霁知道此事困难，于是聊了几句便转移话题，她未曾想过找孟肆为帮忙。

谁料隔日下午，她就收到了一条莫名其妙的短信：我在你宿舍楼下，带上你们展览所有的资料，跟我去一个地方。

待她满腹疑惑地下楼时，一道熟悉的身影赫然站在不远处的香樟树下。细雨如绒毛扑簌而落，坠在他的肩头，好似一幅水墨画，看得她不由有些晃神。

"怎么不带伞？"孟肆为眉头微蹙，向她招了招手，"过来。"

林清霁乖乖地走到了他的身侧，两人一同撑伞在雨中漫步。

到达目的地时，林清霁这才后知后觉道："你该不会是带我来找孙老先生的吧？"

"我爷爷和孙爷爷是故交，"孟肆为侧过头解释道，"我想你们之间肯定是有什么误会,说不定你解释过后孙爷爷会改变想法。"

果然,有了孟肆为从中斡旋,林清霁这才知晓了整件事的来龙去脉。原来是孙老先生得知前阵子古籍展览时,有人不慎弄坏了藏品,这才改变了主意。

既然明白了其中的缘由,那事情便好办了。林清霁向孙老先生阐述了整个展览的流程还有安保工作,一再保证绝对不会弄坏典籍。

"孙爷爷,您放心,这次展览我也会参加。"林清霁话毕,孟肆为又补了一句。

听罢,孙老先生这才松了口:"我知道了,这件事我会考虑的。"

虽然没有得到肯定的答复,但林清霁还是一脸感激:"谢谢,那我们就不打扰您了。"

林清霁扯了扯孟肆为的衣角准备离开,就在这时孙老先生忽而叫住了孟肆为,不知低语了一句什么,让他的神色添了几分凝重。

从孙老住处出来,两人撑伞路过一座公园,一群正在雨中跳舞的年轻人引起了孟肆为的注意。

"你怎么了?"林清霁顺着他的目光望去,"他们应该是附近艺术大学的学生。"

孟肆为摇了摇头一言不发,林清霁便不再穷诘,从包里掏出一盒药贴:"上次见你雨天走路时腿疼,于是我就买了这个药贴送给你,谢谢你帮了我两次忙。"

一股暖意将周遭的寒冷驱散,他接过药贴,完全没预料到她的关心,愣了几秒后道:"谢谢,我刚刚只是忽然想到了一些以前的事情。"

眼前的人露出粲然一笑:"难过的事情都会过去的,就像这雨不会一直下一样。"

此刻的他脑海里闪过临走前孙爷爷的一声长叹:"肆为,过去这么久了,你也应该走出来了。"

"是啊,雨总会停的。"他伸出手,一滴雨不偏不倚落在他的掌心。

林清霁按照约定时间去取修复的古籍,刚一进门就看见孟肆为正伏案工作,他一手握着蘸有糨糊的毛笔在破损处涂抹,另一只手放上配纸。

这是她第一次近距离地观看到一本残缺的古籍在孟肆为的一双巧手下被修补完善,忍不住在一旁惊叹出声。

孟肆为这才注意到了她的到来,放下手中的工具,从书柜上取下木盒,递到她的面前:"已经修补好了,你检查一下是否有问题。"

"我相信你的能力,"林清霁忍不住瞥了眼操作台上正在修复中的某一页,"这是你正在修复的古籍吗,这些污渍也需要去除掉吗?"

见她有兴趣,孟肆为便讲解道:"古籍修复讲究的是修旧如旧,针对破损霉变发潮的古籍进行修复,那些历史战争遗留下来的痕迹不影响阅读的话一般不需要修复。"

一长串的话还未消化完,他又接着补充道:"古籍上的文字和扉页上的那些痕迹,两者相加构成了生生不息的历史传承,如果你感兴趣的话,我可以教你。"

她害羞垂着头,忽然想到了什么,道:"对了,孙老先生已经同意将古籍借给我们展览了,这次的事情多亏有你。如果你有空的话,要不要来看我们的展览?"

"这件事能成还是靠你自己,"孟肆为笑着应答,"我对你的展览很感兴趣,就算你不邀请我,我也会去的。"

本没什么底气的林清霁听到他的话后难掩欣喜,把邀请函塞到他的手中:"真的吗?那我就等着你来啦。"

孟肆为果然说话算话,只是刚抵达展览现场,就撞到了林清霁窘迫的一幕。

她被围在一群游客当中,吞吞吐吐地介绍着玻璃窗里展示的古籍。显然她不知道该说些什么,声音都紧张得发颤,惹得众人无趣地散开。

趁旁人不注意,孟肆为悄无声息地塞给林清霁一只耳机,道:"等会儿我在电话那头说,你跟着复述就可以了。"

他的嗓音似乎有一股难以言说的魔力,抚平了她心中的焦躁和不安。随着他的步调,她讲解起来愈发得心应手,刚离开的游客又纷纷提起了兴趣,直到结束时他们仍意犹未尽。

"这次多亏有你,不然我可要出糗了。"她并不负责讲解,有一名讲解员临时有事,无奈之下只好由她暂时顶替,不巧的是正好撞上了她不了解的范围。

孟肆为从口袋中掏出几颗水果糖:"没事,你刚刚一定很紧张吧,吃颗糖缓解一下。"

她眼底闪过一丝惊喜。见状,孟肆为的眼眸倏地一亮,正欲开口之际,林清霁却开口道:"没想到你居然和我一样会喜欢吃水果糖。"

瞳孔里的亮光在那一瞬熄灭,他的声音听上去有些哑哑的:"你喜欢就好。"

不远处传来的一声惊呼,打断了两人的对话:"学长,你怎么在这里?"

他愣了一下,那人见他没接话,继续道:"我是舞蹈学院的学生,我看过你跳的《问月》,只是学长你怎么不继续跳舞了?"

可回应对方的始终都只有那句:"你认错人了。"

见对方不依不饶,林清霁立刻冲到他的面前:"都说你认错人了,如果你还要继续扰乱秩序的话,那我只能请你出去了。"

有了这句有威慑力的话,对方只好悻悻离去。

"刚才的事谢谢你,"孟肆为垂着眼眸,眼底情绪晦暗难辨,"不过你就没有什么想问我的吗?"

林清霁耸了耸肩,显然并不在意:"每个人都会有不想说的过去,等你想告诉我时,自然会和我说的,我愿意随时做你的听众。"

彼时展厅外骤雨初歇,乌云渐渐散去大半,天空似乎要放晴了。

4

若没有孟肆为的帮忙,展览也不会进行得如此顺利。为了表达谢意,林清霁特地投其所好买了上次同款的一包水果糖送给他。

"我不知道你喜欢什么,于是就买了

这个,希望你别介意。"林清霁一脸羞赧,又怕他会嫌弃自己的心意。

而孟肆为笑意盈盈地接过,拆开一颗糖塞入口中:"这个礼物我很喜欢,你之前不是好奇我为什么会喜欢吃这个吗,你现在愿意当我的听众听听我的故事吗?"

一旁的林清霁点头如捣蒜,对于孟肆为的过去她一无所知,了解的也只是现在作为古籍修复师的他而已。

在孟肆为所描述的故事中,他二十岁那年遇到了人生最大的挫折,这个挫折让他一蹶不振,也让他被迫远离故土,踏上异乡。

离开的那天,他伫立在偌大的机场内,周遭是川流不息的人海,可无一人停下来发现他的异样。

谁料下一秒,有个女生踮起脚拍了拍他的肩膀,看出了他的难过,递给他几颗水果糖,告诉他不开心的话吃点甜的可以缓解心情。

"那后来呢,你们两个人接下来还有新的事情发生吗?"林清霁问道。

孟肆为摇了摇头:"没有,我和她之间有没有故事,其实我说了并不算。"

暮地,她的心底泛起一股酸意:"那谁说了算?"

眼前的人嘴角漾开一抹笑:"你想知道吗,把手伸过来。"

听话的林清霁乖乖照做,把手伸到他的面前。当温热的指尖落在她的掌心时,一股莫名的烫意染上她的耳尖。

还未等她去辨认是何字,一阵急促的敲门声打破了傍晚的寂静。

一打开门,迎上来的便是一个中年妇女的破口大骂:"你到底是不是专业的修复师,我们从你这儿拿回来的地契上怎么有这么大一处破洞。"

面对对方的指责,孟肆为不慌不忙地看了一眼破损处,心平气和道:"我之前修缮后的成本是你们家人亲自确认无误的,我当时拿到这份地契时,这块并没有破损。"

见状,对方依旧胡搅蛮缠道:"现在的年轻人真是一点责任心也没有,就知道推卸责任。"

"那这样吧,我免费帮你修补这一处的破损,可以吗?"孟肆为面色不改,依旧谦和有礼。

可中年女人并不买他的账:"要不是看在你爷爷的面子上,我才不会找你一个半路出家的人,我可不敢再找你修补,万一又出问题怎么办。这张地契是我们祖上传下来的宝贝,你必须赔偿。"

语毕,对方比了一个数,这下把林清霁气得面色铁青:"你也太过分了,孟肆为那么专业的人,你凭什么质疑他。"

"你还不知道吧,他之前可不是学古籍修复的,是因为混不下去才被迫转来学古籍修复的,他就是个半吊子,你还真……"

就在女人激动地想要上前时,孟肆为眼疾手快地挡在了林清霁的面前:"这里不是你撒泼的地方,请你离开。"

见他态度强硬,对方便灰溜溜地走了,走之前还忍不住放了好几句狠话。林清霁不满地撇了撇嘴:"她质疑你的能力时你怎么不反驳,明明是她胡说。"

孟肆为未说一字,只是笑着摇了摇头,

因为只有他知道，那个人并未说错，他无力辩驳。

不知何时，墨色的浓云互相推搡着急涌而来，狂风猛烈地敲打着窗棂，好似暴风雨来临的前兆。

5

在收到爷爷发来的消息后，林清霁第一时间来到了孟肆为的住处，小脸因担忧皱成一团："我听爷爷说了，那个人离开后到处散播你的谣言，那些话你千万别往心里去。"

当她在面前时，他脸上总是挂着和煦的笑："怎么又忘记带伞了，快擦一擦。"

可林清霁的注意力都在他走路异样的左腿上，顾不上湿漉漉的头发，心疼地问："这几天都是下雨天，你的腿是不是又开始疼了？"

蹲在地上的林清霁拿出药贴后去撩他的裤腿，手却被一只大手握住。

彼时的林清霁眼疾手快地卷起他的裤子，就在露出膝盖的那刻，一道狰狞的疤痕赫然呈现在她的眼前，她惊得手上的动作一顿，手上的药贴差点滑落在地。

"其实之前就想告诉你了，那个阿姨说得没错，我之前确实不是古籍修复师而是舞者，这道伤疤就和练舞有关。"

在父母的严加管教下，孟肆为自小便是一名出色的舞者，从小到大包揽了形形色色的奖项，顺利地考上了最好的舞蹈学院。

本一帆风顺的人生在二十岁那年被一场经年累积的伤痛夺去了所有，腰伤和腿伤剥夺了他再次起舞的权利，为了治疗他不得不远赴国外。

这条疤痕就是他手术后留下的，可惜的是世事总是不尽如人意，手术的疗效微乎其微，那个在台上熠熠生辉的少年最终还是没能回到属于他的舞台。从国外回来后，孟肆为转了专业，跟随他的爷爷学习古籍修复。

话毕，孟肆为慌忙拉下裤腿，神色歉疚道："是不是很难看，吓到你了？"

林清霁猛地摇了摇头，一双热忱的眼眸里只有孟肆为，再容不下他人："就像你之前说的，古书上的痕迹代表了绵亘的历史，而它代表了你曾经的荣誉，一点也不吓人。"

原来他曾深恶痛绝的疤痕，在别人眼里却是无可替代的勋章，在那一刻，他好像没那么厌恶这道伤疤了。

不幸的是余波未平，风浪又起，一群陌生人的上门打乱了孟肆为的生活。为首的人指名要和孟肆为谈生意，想要高价收购他家珍藏的几本古籍，并许诺给他介绍工作，却被他义正词严地拒绝，双方闹得不欢而散。

获知此事后的林清霁猜测道："他们想要收购你的古籍，然后高价转卖？"

孟肆为点了点头："很多商业公司根本不会保护古籍，只想从中赚差价，获取利益。"

"只不过你这么做，他们肯定又要到处散播你的谣言，往后上门的客人越来越少了，古籍维护又要花很多钱……"林清霁垂着眼，满脸忧虑。她知道孟肆为原先家境并不差，但他的伤病掏空了父母的积蓄，现下的他收入微薄，恐难以为继。

在她愁眉苦脸之际，一只大手覆在她的脑袋上，温柔地抚摸了一下，道："对于别人的议论我从未放在心上，你也不要在意，至于钱的事情我会解决的。"

恰巧手机弹出一条新的短信，林清雾信誓旦旦地说道："你放心，这件事一定能够圆满解决的。"

他已经失去过一次实现梦想的机会，她不能让他再失去第二次。

6

孟肆为是被院外的叫喊声吵醒的。彼时天刚蒙蒙亮，薄雾还未散去，他边揉着惺忪的睡眼边开门："请问你这么早来有什么事情吗？"

男子不好意思地挠了挠头，从包里拿出一本古籍道："抱歉这么早打搅你，是因为这本书急需你的帮忙。"

这是自那件事后第一位上门的客人，孟肆为不由一愣，回道："来之前你应该听过我吧，有人说我专业能力不行，你不介意吗？"

这话引得对方笑出了声："孙老先生向我们澄清过了，我们也看过了你修补后的成品，能力确实出色，那些谣言都是无稽之谈，我们都不会理会的。"

送走了那名客人之后，孟肆为马不停蹄地赶到了孙爷爷家，向他表达感谢。

可孙爷爷笑着摆了摆手："这并不是我的主意，这一切都要归功于清雾，是她求我帮忙，并花了好多工夫找到了你从前的客人，拜托我们出面解释。你知道当时她是怎么说的吗？"

他记得很清楚，林清雾到访的那日下了瓢泼大雨，因正好撞上了孙老先生的午睡时间，一直站在门外等待，大雨淋湿了她的衣衫。

好不容易等到孙老先生睡醒见客时，她却因地滑不小心摔得满身泥泞，可眼睛却依旧亮晶晶的："孟肆为虽然名为肆为，但从小都被严加管束，一直压抑内心所求。古籍修复是他热爱的事业，我希望他能肆意地去做他任何想做的事情，因此求您帮帮他。"

所有的理智和冷静在这一刻被他抛诸脑后，他甚至忘了向孙爷爷道别便急匆匆地跑了出去。

刚下了早课的林清雾见到火急火燎的孟肆为，第一反应是怕他又遇到了新的麻烦，结果回应她的却是一个意料之外的拥抱。

怪异的举动吓了她一跳，忙问道："是又遇到了麻烦吗？"

"没有，"他摇了摇头，又加重了力道，像是要把她揉进自己的怀里，"谢谢你帮我解决了麻烦，孙爷爷都告诉我了。"

听罢，林清雾松了口气，宽慰道："你明明是那么厉害的一个人，我不想那些莫须有的谣言强加在你身上。"

自从孟肆为腿伤弃舞之后，他听过太多来自周遭的议论，其中夹杂着冷眼嘲笑和一些评头论足。在别人的流言声中他逐渐妥协，甚至自认为他就是别人口中的无用之人。

现如今却有人愿意为了他，独自去对抗那些非议，一遍遍地告诉他，他很好，是那些人作恶。

"谢谢你，"他鼓足勇气，决定袒露心声，"之前你不是问我和那个女生的后续吗，你现在想不想知道？"

上一秒还在宽慰他的林清霁顿时捂住了耳朵，凶凶地拒绝："我才不想。"

"那好吧，我就不说了。"他故作遗憾地回答。

时间还长，而这个秘密她总有一天会知道的，他想。

7

转眼已是深秋，空气里已泛起一股凉意。相比之前的惨淡，现下的孟肆为客人虽不多，但勉强可以生活。只是那群生意人仍然没有打消收购的主意，经常找他麻烦。

两人经过深思熟虑之后，一致决定把收藏的典籍捐给当地的图书馆。而孙爷爷与当地图书馆的馆长有些交情，两人便拜托孙爷爷麻烦他牵线搭桥。

"你和你的家人商量过了吗，这么重要的事情你可不能自己做主。"孙老先生好意提醒道。

孟肆为表情格外严肃，一本正经道："我和家人商讨过了，这些古籍留在我们手上作用并不大，不如捐给国家或许还有些用处。"

"我爷爷本就打算捐出去，只是当时社会修复古籍的专业人士少之又少，他担心维护不佳，便一直留在手上，现在倒是可以安心地放手了。"

听罢，孙爷爷悬着的心这才放了下来："对了，上次那个污蔑你的女人已经道歉了，说是家里人不小心弄坏的，因此误会了你，让我向你转达她的歉意。"

彼时清脆的笑声从窗外抵达耳畔，这一刻他所有的目光都被一个叫作林清霁的女生吸引了过去。他的尾音裹着浅浅笑意："孙爷爷你知道的，我在意的从来都不是那些。"

回到小院已是傍晚时分，在开门的刹那，林清霁神秘兮兮地蒙住了孟肆为的眼睛："你先闭上眼睛，我有惊喜要给你看。"

在她独自跑回屋内准备东西时，听话的孟肆为果真一动不动，直至她说可以，才缓缓地睁开眼睛。

映入眼帘的是一张巨大的白色幕布，只见林清霁提着一个小人坐在幕布后面，用棍子操控着它在幕布后翩跹起舞。

"这是……《问月》？"孟肆为迟疑了半晌才开口。

没想到他这么快便猜了出来，林清霁眨着亮晶晶的眸子，道："我特意去看了你以前跳舞的视频，跟着动作慢慢学的，你可不要嫌弃我比画得不好。"

这支舞蹈是他的成名作，同样也是他人生中的最后一舞。

"这个皮影小人是我麻烦专业师傅按照你的样子制作的，"林清霁雀跃地跑到他的面前，"我知道它无法弥补你不能跳舞的遗憾，但我希望你能因为它而快乐一点。"

巨大的惊喜灌顶而下，他从未想过自

己颓败的过去会被她视若珍宝。

"现在的我已经是全世界最幸福的人了，"他从口袋里拿出一个丝绒礼盒，递到林清霁的手上，"这是我的回礼。"

打开礼盒，里面是一条太阳挂坠的项链，除惊喜以外，她的眉宇间又添了几分疑惑："项链很漂亮，只是为什么是太阳，送女生不应该是月亮或者星星吗？"

送礼的人只抛下两个字，引得无限遐想："你猜。"

一弯皎洁的新月挂在天边，星星在夜幕之下熠熠生辉，看来明天注定是一个好天气。

8

接到图书馆馆长打来的电话时，孟肆为正握着林清霁的手教她如何修补古籍。

"由于古籍修复数目庞大，馆长专门成立了一个古籍修复小组，邀请我加入。"挂了电话后，孟肆为第一时间和她分享这个好消息。

身旁的林清霁知道后太过激动，不慎打翻了桌上的糨糊，赶忙寻找可以擦拭的物件："都怪我太不小心了。"

"为什么要怪你，"孟肆为语气依旧温温柔柔，"我把弄湿的纸张拿去外面晒一晒，抽屉里面有新的毛巾。"

在林清霁打开抽屉拿出毛巾之际，一张水果糖的糖纸毫无预兆地出现在她的视野内，上面还用黑色水笔歪歪扭扭地画了一个太阳。

她瞧着上面的笔法竟有几分眼熟，仔细辨认后，她才惊觉这幅画作出自她本人之手。

时间拉回到十八岁她第一次坐飞机的那天，很不巧的是当日下了特大暴雨，所有航班被迫延迟起飞。

她在机场等得百无聊赖之际，恰巧看到了独自一人的孟肆为。他的背影瘦削单薄，透着一股不可名状的孤独感。

鬼使神差般，林清霁走到他的面前，从口袋里拿出剩下的水果糖："你是一个人吗，要不要吃一点糖？"

怕他误以为自己是不怀好意之人，林清霁随即拆开了一颗塞进嘴里，证明道："吃甜的可以缓解心情哦。"

见他接过糖果，她这才缓解了心中的担忧，似乎是想到了什么新主意，从包里拿出一支笔在糖纸上画了一个太阳，道："别太担心，这场暴雨不会下很久的。"

正当他要开口感谢时，身后传来了一道女声，是她的同伴在唤她的名字。

"我朋友找我了，那我就先走了。"

直至这一刻，她才意识到，原来孟肆为故事中描绘的女主角是她自己。

一想到自己还因此拈酸吃醋，她不禁红着脸去找他算账："你为什么不和我说，你之前在机场遇到的人是我？"

"我早就把答案告诉给你了，难道你忘了吗？"孟肆为牵起她的手，在她的掌心一遍遍描画她的名字。

阳光穿透厚重的云翳落在他们的身上，林清霁狡黠一笑："那看在太阳的面子上，就勉为其难地原谅你吧。"

那场落在他心头经久不息的骤雨，在遇到她后，终于云销雨霁，得见明媚骄阳。

送你一个蔷薇色春天

. . .

那时的陈聿不知道,
那些违心伤人的话一说出口,
便是一生的错过了。

玫瑰错过

*鱼幼薇

陈聿不待见林漾,所有人都知道。

可是陈聿喜欢林漾,从前,以后,都不会有人知道了。

2014年,冬。

这年的冬天比往年都要冷,才十二月便下了好几场大雪,瓦缝里都铺上了厚厚一层雪。

陈聿这年升了高二,上的是本市重点高中一中。学校放月假这天正好是二十四节气中的大雪,康瑛跟他说,家里有人来,今天吃火锅。

当康瑛和陈丰领着林漾回家的时候,他坐在客厅的沙发上说:"不是说今天吃火锅吗?怎么还不准备。"

陈聿一回头,看见绑着马尾,穿着朴素,戴着土土的红色围巾的林漾站在父母的中间,他有些不满地皱了皱眉。

"聿聿,过来跟林漾妹妹打招呼呀。"康瑛向陈聿招手,让他过去。

陈聿不情愿地走过去，跟林漾说了句："妹妹好。"

林漾有些无措，两只眼里有些水光。她手指搓了搓衣角，小声地回："你好。"

说是妹妹，可她只不过比陈聿小几个月。康瑛笑得开心，对陈聿说："以后漾漾就寄住在我们家了。"

"你们要好好相处。"康瑛看了他一眼，"以后要跟你一起上学的，手续都办好了。"

"好了，我们去准备火锅。"一直没开口的陈丰开口了，"妹妹头一次来我们家，聿聿你都没有礼物要送给她的吗？"

林漾的脸红了，她用带着浓郁南方口音的普通话说："陈叔叔，不用礼物的……"

陈聿看了一眼她，没说话，转身回了房。

康瑛在他身后数落了几句，让林漾自己在客厅坐着玩会儿，便和陈丰进了厨房。

林漾在沙发坐下后，拘谨得不敢动。她细细地打量着这个家，装修很欧式，有些物件一看就价值不菲，是她之前从未见过的。

如果不是林唐去世，她也没有机会住进这个家。她母亲生她时难产，生下她之后就去世了。林唐是律师，这些年一直孤身在外打拼。他曾经帮陈家打过经济官司，没有他就没有陈家的现在。他因病去世后，陈家人便将在老家和爷爷奶奶生活的林漾接到市里，想给她更好的学习和生活环境。

身后关门声响起，林漾惊得站了起来。她回头一看，陈聿从楼上下来，手里拿着一个盒子。

这时康瑛也从厨房里出来了，招呼林漾去吃饭。

林漾在厨房洗了手后便坐到了餐桌前，陈聿已经坐下来，纸盒子放在他的身边。他见林漾来了，把盒子推到了她面前。

"给你的。"他的语气有些生硬，"礼物。"

林漾睁大了眼睛看着他，她没想到他真的会送她礼物。

饭后，林漾抱着陈聿送她的纸盒子进了康瑛为她收拾好的房间里。她坐在桌前小心翼翼地把盒子打开，里面躺着一本《小王子》和一条白色带着小熊图案的围巾。

她把书拿出来放在书桌上，给它做了一个简易书皮包上。围巾也小心地收进了衣柜里。这是她来到这个寒冷的城市里收到的第一份礼物。

2

收假那天林漾跟着陈聿去一中报到，她没有校服，也还没来得及置办衣物。她只能穿着来陈家时那套发旧的衣服去。

早上出门前陈聿看了一眼她脖子上的红围巾，眼里带着嫌弃，嘴巴动了动，最终却还是没开口。

陈聿领着林漾进教室，把大家的目光都吸引过来了，大家眼神里都带着些疑惑。他回了座位，班主任带着林漾上了讲台，让她做自我介绍。

"大家好，我叫林漾，双木林，荡漾的漾。很高兴以后能和大家一起学习。"

底下的议论声此起彼伏，依稀能从中听到"陈聿""妹妹"等字眼。班主任让林漾坐到陈聿后面那张座位上，然后敲了敲讲台让同学们安静下来。

陈聿从头到尾都没抬头看过林漾一眼。

这天下午体育课,班里的人都去更衣室换运动服。林漾刚来,还没有拿到运动服,便早早到了运动场上等。

更衣室里,陈聿刚换好衣服,同班一个男生便勾上了他的肩膀:"听老班说那人是你妹妹?你什么时候有这么大的妹妹了?还有点土气?"

陈聿掀了掀眼皮,淡淡地说:"不是妹妹,她是我妈朋友的女儿。"

运动场上的人陆陆续续地齐了,班上原本四十八人,八排六列刚刚好。多出来的林漾,被体育老师安排站在了最后一排的最外面。

热身运动后,体育老师便解散了让大家自由活动。陈聿一群人去了篮球场打球,林漾初来乍到,只能一个人待在树下。

"林漾,要一起打排球吗?"同班的几名女生在不远处问道。

"好呀。"林漾脆生生地应下了,跟着她们一起去拿了排球。

林漾从前并没有打过排球,也只是在电视上看过排球比赛。她在场内跑来跑去,手从没挨到过球。林漾站在场内红了脸,有些无措。也有女孩子试图给她传球,可她一次都没有接住。

林漾和排球的唯一一次亲密接触,是问她要不要一起打球的那个女孩子,在她转身时不小心把球拍到了她背上。

林漾被排球拍得一个趔趄,半跪在了地上。她们惊呼,随后围了过来问她有没有事。她摆了摆手,表示不打了。

那边的篮球场上也正好休息了,陈聿喝水时正好看见林漾被排球砸到。他只轻飘飘看了一眼,便移开了视线。

"陈聿,你妹妹被排球砸到了,你不去看看?"一起打球的人问。

陈聿神色如常,把水瓶一放,没搭理他,只说:"继续打。"

林漾刚坐下,晃神间,好像看见陈聿看了她一眼。可当她再看时,他已经放下水继续打球了。

上完课后,林漾收拾好东西在教室门口等陈聿一起回家。陈聿收拾完东西越过她径直走了,她连忙追上他的脚步。

"你不要离我这么近。"陈聿突然停下,说,"会被人误会。"

林漾站在原地,怯怯地应了一声,随后便跟在陈聿身后,保持着一到两米的距离。

快到家时,陈聿突然开口问:"送你的围巾为什么不戴?"

"围巾布料很好,一看就很贵重,我怕弄脏了。"林漾解释道。她说得很慢,很努力地在纠正自己的口音。

"哦。"陈聿语气依旧是淡淡的,"那随你吧。"

3

那天晚上林漾把陈聿送的那条围巾拿出来试了又试,最后还是收进了衣柜,戴回了自己那条红围巾。

陈聿送的那本《小王子》,她当天就看完了。后来每天都会再重新看一看,会在书上写一些批注。

林漾后来也发现班里有些同学不太待见她，她也知道大家觉得她说话有口音，嫌她土气。但是她不在意，因为陈聿偶尔还是会和她说话，会每天和她一起回家。

可她不知道，其实陈聿也和他们一样。

那天出期中考试的成绩，快放学时班主任兴高采烈地走进班里，说："咱们班这次真是让我意外啊，年级前三居然有两位！"

"陈聿，之前稳坐第一宝座，这次失手了，年级第二。"班主任顿了顿，继续说，"年级第一，大家肯定想不到——林漾！"

此话一出，全班哗然。转校生拿了年级第一，还是一个从乡下来的转校生，前所未有。

有人震惊，有人唏嘘，也有人怀疑。陈聿有些惊讶，但也没太过表露出来。林漾看着大家的反应，头埋得更低了。

班主任走后，大家便准备收拾东西回家。这天是林漾值日，她收拾好东西便去小屋里拿打扫工具。

林漾把地扫完、拖好，刚把工具放回小屋里出来，便发现和她一起打扫的那个人先走了，把工作都留给了她。她抿了抿唇，又折回小屋拿扫把把剩下的全清理干净后才回家。

陈聿早就回去了，根本没有等她。她刚走出教学楼，便乌云密布，她加快了步伐。还没走多远，便大雨倾盆。林漾为了省时，打算抄近路回去。

刚到小巷口，她便听见了陈聿和同伴的声音。

"谁想跟她一起回家啊。"

"我们不熟，别人把工作都留给她和我没多大关系吧？"

林漾停住了脚步，随后便转身小跑着走了另一条路。这条路比较远，她淋着雨往回走。

在马上到家的那条路口，林漾被泥泞的路上的石块绊倒了。没有磕破哪里，可林漾就是觉得疼，她坐在地上无声地哭。

不知过了多久，陈聿打着伞找来了。他见林漾坐在路口，浑身湿漉漉的，还沾满了泥泞，不知怎么有些生气。

"摔倒了你不会站起来吗？"陈聿隐忍着，没好气地问，"坐地上很舒服吗？"

林漾抬眼看他，眼睛湿漉漉的，像一片清潭。陈聿愣了一愣。

他把伞打到林漾的头上，伸手把她拉了起来。两人共着一把伞回了家。

林漾洗完澡，喝了康瑛煮的姜茶后便回了房间。她坐在书桌前拿出那本《小王子》，翻到最后一页，在上面写了一句话，然后锁进了抽屉里。

林漾再也没试过那条围巾，也没再把那本书拿出来过。

4

从那之后林漾也不再主动找陈聿，有意无意地回避他。陈聿怕雨天那晚的事情再度发生，听了康瑛的话每天等她一起回家。陈聿也感觉到了林漾对他的疏远，他想这样也好，反正也没人愿意和她扯上关系。可不知道为什么，他总觉得有点失落。

时间很快就过去了，新年那天，林漾穿上了康瑛给她买的新衣服，戴了新围巾。陈聿下楼后看见她，有一瞬间的晃神。

林漾长得好看，只是从前不太爱收拾自己。

陈聿坐在沙发上拿着遥控器不停地按来按去，状似不经意地问："你怎么不戴我送你的围巾？"

"过年事情多，怕弄脏了。"林漾眼睛看着电视，轻轻地答。

她的普通话好了很多，不仔细听听不出有口音了。

陈聿"哦"了一句，不知怎么有点心烦，把遥控器一扔又回了房。

当晚康瑛让陈聿去院子里放烟花，他一万个不愿意，被连拖带拽地带到院子里。穿着黑色大衣，裹着红色围巾的林漾插兜站在院子里，她身形修长，马尾垂在肩膀上，在夜色笼罩下，眼里像有一汪海，有种说不出来的温柔。陈聿想拒绝的话卡在了嗓子里。

他接过康瑛拿来的仙女棒和烟花，把仙女棒递给了林漾，然后把烟花放到了院子中央，点燃后站到了林漾身边。

烟花的引线燃烧完，盛大的烟花绽放在了夜空中。

"许个愿吧。"陈聿打破静谧，说道。

"什么？"林漾收回看烟花的视线，扭头问他。

"没听说过吗？"他说，"对着新年的烟花许愿，愿望会很容易实现。"

林漾看着烟花，静了一会儿，她说："我没有愿望。"

"那我替你许个愿吧。"陈聿说，"希望林漾岁岁长安，万事如意。"

林漾听到这话时怔了怔，她没有想到陈聿会替她许愿。她心里像被一下子灌进了许多调料，酸甜苦辣纠缠在一起，她有些不知所措。

陈聿又点燃了仙女棒给她，她接过，脸上却没有任何开心的表情。

康瑛这时走进院子里，见两个人手里都拿着仙女棒，她一时兴起，说："欸，给你俩拍张照吧。"

她刚说完便拿出手机对着他们俩："漾漾笑一笑。"

林漾闻言轻轻勾了勾嘴角，陈聿侧过头看她，嘴角也不自觉地上扬。

时间定格在这一刻。

放完烟花，两人一起把院子打扫完准备回房休息时，林漾突然开口了。

她对陈聿说："陈聿，以后咱俩还是保持距离，离对方远点吧。"

5

整个假期，陈聿和林漾都在刻意地回避对方。开学后，陈聿也没在班上主动找过林漾，只有每天晚上放学等她一起回家，两个人一前一后保持距离。

陈聿也会在上课的时候偷偷看她两眼，她一般都是在很认真地听课写笔记，偶尔也会用手撑着脸发会儿呆。当陈聿意识到自己会注意她的一举一动，会在意她跟哪些异性说了话时，已经到了夏天。

五月十五，是一中校庆。临近高考，

高三不参加校庆活动,高一初来乍到还很懵懂,于是校庆节目的重担便落在了高二的学生身上。

陈聿会弹钢琴这事儿,人人皆知。校庆的消息刚下来,便定了他的钢琴独奏。后来陆陆续续报了几个小品话剧,便再没人报名了。

"林漾要不要来个独唱?"不知是谁提了一嘴,"林漾声音挺好听的呀。"

"是啊!""来一个吧!"

教室里的起哄声此起彼伏。

陈聿看了一眼在写作业的林漾,她写着作业的手突然顿了顿,食指蜷了起来。

"好。"林漾抬起头,笑了笑,她说,"我报名,我唱。"

陈聿张了张嘴,想帮她说些什么,却又合上了。他有音乐底子在,空余时间排练时总是会从钢琴室绕到声乐室看林漾有没有需要帮忙的。他没想到林漾音色居然这么适合唱歌,一首《山河故人》唱得无比婉转。

陈聿替她把跑调的地方记下来,给她标好了谱子,晚上在家时把那张纸给了她。

林漾接过纸看了看,抿了抿嘴,说:"谢谢。"

陈聿摆摆手回了房间。林漾看着他回房的背影,垂下了眼,睫毛的阴影洒下来,看不清楚她眼里的情绪。

校庆那天演出,陈聿是第一个。他上台鞠完躬,便看见了坐在第一排的林漾,他冲她笑了笑。

林漾见他对她笑,有些恍惚,却也勾了勾嘴角。陈聿弹的是肖邦的《降E大调夜曲》。舞台上柔和的灯光打在坐在钢琴前的他身上,光圈笼罩着他,衬得他如同从天而降的谪仙。

林漾心头微动,异样的感觉从心里窜出,却又很快消失。

当陈聿最后一个音符落下时,台下掌声雷动。林漾也起身走向后台,她坐观众席,只为看第一场演出。

陈聿换好衣服坐在台下,几个小品看完,便到了林漾的独唱。

"山自山,水自水,时光轻轻催……"

林漾悠扬婉转的声音在会场响起。她抱着话筒,穿着礼服站在舞台中央,一改之前灰头土脸的形象,惊艳了许多人。

一曲终,林漾的声音低下去,取而代之的是如雷鸣般的掌声。

林漾站在舞台上看着台下的人,眼里有泪光。这是她到这个学校以来感受到的最真诚的时刻,也是她唯一真正开心的时刻。

陈聿坐在角落里,周围人在说什么,他不关心,他唯一在意的,是台上闪闪发光的林漾。

6

校庆那天之后,大家对林漾的态度越发好了。班上的女生下了课也会喊她一起去上厕所,其他班有认识她的人在路上碰见,也会和她打招呼。林漾逐渐融入了这所学校,她与陈聿的关系稍微缓和了一些,但疏离感依旧存在。

升入高三,新增了晚自习。

林漾不太适应晚上在教室学习,上了几天晚自习后,便在一天晚自习回家后提出让康瑛向学校申请她在家自习。康瑛不放心她傍晚放学一人回家,让陈聿每天下课后把她送回来,在家吃完饭再去学校上晚自习。

这天放学,陈聿送林漾回家,在路上接到了康瑛电话,她和陈丰有应酬,让他们在外面吃点东西再回家。

陈聿向班主任请了晚自习的假后,问林漾:"你晚上想吃什么?"

"随便吃点就好了。"林漾无所谓地说。

"那带你去吃大排档吧。"陈聿说,"我知道一家很不错的大排档。"

两人走到一家大排档坐下,陈聿点了两份蛋炒面,点了几个小菜。林漾注意到,他点的菜都是她平时爱吃的。她突然心头一暖。

饭和菜被端上桌,陈聿帮林漾掰开一次性筷子,再用热水洗好碗筷才递给她。

"你……打算考哪个学校?"陈聿突然开口问。林漾没想到他会突然问这种问题,被噎了一下,她喝了口水,才慢慢说:"还没想好,应该会去A市吧。"

"哦,挺好的。"

两人又陷入了沉默,陈聿心不在焉地扒拉着炒面,林漾也小口吃着,没什么胃口。

"林漾。"陈聿第一次这么正经地叫她名字,林漾愣了愣,他才继续说,"你是不是讨厌我啊?"

林漾抬头,对上他投过来的目光,他眼睛澄明,眼眸在白炽灯的照射下闪着点光。两人眼神碰撞,她有些闪躲,陈聿却坦荡荡,还是一直看着她。

"没有。"林漾又低下头去吃面。

"那你为什么要躲着我?"陈聿问,"新年那天,为什么跟我说要保持距离。"

"会被人误会。"林漾一字一句地解释,"我去学校那天,你这样说的,不是吗?"

陈聿语塞,他结结巴巴地说:"我……我那天心情不好随口说的,你怎么记这么清楚?"

"你随口说的话,我都记得很清楚。"林漾像是意有所指,陈聿并没有听出来,他脸不知为什么有点泛红。

饭后两人一起回家,路过一家正搞促销的花店,陈聿被在外面拿着喇叭吸引顾客的老板娘拉住了。

"小帅哥,买束花送给小姑娘吧?"老板娘热情地把陈聿往花店里带。

"红玫瑰太适合女孩子了。"老板娘把插好的花束递给他。

陈聿有些无奈地接下了花:"送红玫瑰不合适吧……"

"那就换成桔梗!"老板娘一脸我懂的表情,"桔梗最合适!"

陈聿被迫接下了那束桔梗,他低头看了一眼,确实好看。他叹了口气,付款买了下来。最后离开时,老板娘凑到他耳边低语:"那小姑娘虽然脸上不在意,眼神却没离开过咱俩,肯定是很喜欢!"

陈聿笑了笑,把花给她:"送你了,听说女生都喜欢花。"

林漾接过花,粉白色的桔梗格外娇嫩,好看极了。她不由得扬起嘴角,是啊,哪有女生会不喜欢花。

7

那束桔梗放在花瓶里，被摆在了林漾房间的书桌上。她不太会打理花，但对这束桔梗却是花了许多心思。

桔梗开了将近两个月，直到高考完那天。

为期两天的高考过得很快，最后一场考完，大家都约着说要一起吃顿饭，再一起去KTV唱到天亮。

饭桌上大家嘻嘻哈哈，说到林漾刚转来一中的时候，大家都说："当时真没想到林漾换上礼服唱歌会这么惊艳！校庆晚会上真是一炮而红！"

林漾只是笑了笑，喝了一口橙汁，没有接话。大家都只记得她光鲜亮丽被人喜欢被人称赞的时刻，却不知道她刚来一中时，有多么觉得自己格格不入，有多么自卑。

饭局结束后，大家一起到了KTV。林漾打算坐一会儿便走，却没想到大家起着哄让她唱歌。她不得已，只好接过了话筒。有细心的人发现这是一首情歌，于是又喊着陈聿和她一起唱。

"是啊！你俩唱吧！"大家都说，"我们都没学过，就你们会音乐！"

陈聿也推辞不过，接过了递过来的话筒。

"给你一张过去的CD，听听那时我们的爱情，有时会突然忘了我还在爱着你……"开头是陈聿唱的，他低沉磁性的嗓音让大家都忍不住称赞。

"再唱不出那样的歌曲，听到都会红着脸躲避……"这是林漾唱的，清新的嗓音和陈聿低沉的嗓音相得益彰。

两人唱歌时视线时不时会对上，林漾每次都会很快地垂下眼来。

一首歌唱完，陈聿跟着一群人出去了。林漾坐了一会儿也起身去了厕所。她洗完手甩着水珠准备回包厢，在路过男厕时，听到了熟悉的谈话声。

"陈聿，我说你和林漾整天抬头不见低头见的，不动心？"班上一个男同学说，"我真没想到林漾收拾起来这么好看。"

"有什么好动心的？"他说，"我永远记得她那个土气的样子。"

林漾握紧了拳头，指尖陷入掌心，她转身离开了KTV径直回了家。

康瑛见林漾回来，问她怎么一个人回来了，林漾借口不太舒服，回了房间。她坐在书桌前，视线落在花瓶里的桔梗上。这两天忙着高考，没怎么打理，桔梗便枯了。

林漾自嘲地笑了笑，也不知道自己在期待些什么。她抬手把桔梗扔进了垃圾桶，它早就该败了，是她的细心照料，才让它开到了现在。

她拿钥匙打开抽屉，拿出那本落了灰的《小王子》，习惯性地在上面写了几句话。写完后没有再放进上锁的抽屉，而是把它和高中用过的教材辅导资料放在了一起。

高考成绩出来那天，是陈家最热闹的时候。林漾状元，陈聿榜眼，康瑛笑得合不拢嘴，填志愿的时候有意让他俩填同一所学校。林漾没有拒绝，也没有答应。

最后结果出来，陈聿去了Ａ市，林漾去了南方。

陈聿学的经济学，林漾学的法学，两个人都默契地选择了父母从事的职业。

大学四年，林漾没有再用过陈家的钱，平时勤工俭学，还有国家奖学金，已经足够她生活了。她也时不时会给陈丰夫妇买礼物，放假便回家陪爷爷奶奶。

陈聿偶尔会给林漾打电话发消息，但都是康瑛让他转告的一些事情，逢年过节互相问候，便再没有其他了。

大四这年，林漾打电话和康瑛说交了一个男朋友，过年的时候带回家给她看看。康瑛也很开心，忙说："好，过年带回家让阿姨看看。"

"阿姨，我这几天忙着实习，没空回去。"林漾说，"您能帮我把我房间里几本书寄给我吗？我把书名发给您。"

"好，你等下发给我。"

这天陈聿正好在家，他在一旁静静地听着康瑛和林漾打电话。得知林漾有了男朋友，他心里酸酸涩涩的，说不出什么感觉。

康瑛让他去林漾房间里帮忙找书，他看了一眼书名，推开门走进林漾的房间。房间还和四年前一样，没有多大变化。陈聿走到书架前帮忙找书，找到后把它抽出来，转身碰到书桌。他看见书桌旁边垒了半米高的高中教辅上那本蓝色封面的《小王子》。

他坐在书桌前，把那本书翻开来。

里面做了很多记号，陈聿一页页地翻过。

在"如果有人钟爱着一朵独一无二的盛开在浩瀚星海里的花。那么，当他抬头仰望繁星时，便会心满意足"这句话的旁边，林漾写着：我可以成为你独一无二的玫瑰吗？

这是林漾到陈家的第三天写的。

陈聿接着往后翻，很多这样的批注，很多都有日期，这本书更像是林漾青春期敏感心思的记录本。

陈聿翻到最后一页，掉出来了一张纸条，他把纸条拿开，最后一页上面写着："他说不想和我一起回来，说我一个人打扫全部卫生，和他没有关系。"

最后一排，特别用力地写着：我讨厌陈聿。

陈聿不知怎么红了眼眶，他笑了笑，揉了揉眼睛，打开了那张纸条。

"陈聿说，他不会对我心动，他说他只记得我是那个土气的林漾。可是他为什么新年放烟花时要帮我许愿，为什么要帮我写谱子抠音调，为什么弹钢琴时要对我笑，为什么带我去吃大排档时点的都是我爱吃的菜，为什么要给我送花，为什么和我一起合唱。

我为什么又只记得刚来这个家时，他别别扭扭地送我围巾和《小王子》，只记得他对我的好，只记得我局促地坐在客厅里，那个关门从楼上下来的意气风发的少年。

我心里的那团焰火，总是被他点燃又被熄灭，反反复复。我讨厌这种感觉。

我也，好讨厌陈聿啊。"

陈聿看完这些，轻轻地合上书。他看

着窗外,绿叶茂盛,是生机勃勃的一片,他却蓦地掉了泪。

9

陈聿永远都记得林漾刚来陈家时的场景,他回头便看见一抹红色。红色的围巾衬得她肤色雪白,陈聿没有见过这么水灵的女孩子,嘴上说的话却与内心想法背道而驰,他别别扭扭地,想藏好自己的小心思。后来他给她送了一条新围巾,是他自己很喜欢的一条,他想,林漾戴着肯定很好看。可是她一次都没戴过。

他在体育课上看到她被排球砸到的那一瞬间,心都被揪了一下,但还是泰然自若地说继续打球。可那场球他打得心不在焉,被同伴数落了好多次。后来他找到那群和林漾打排球的人,跟她们说林漾初来乍到,不要为难她。

他以为是帮了林漾,却没想到,林漾越发孤独了。

那天班上曾经排名一直第二的女生,因为林漾抢了陈聿的第一而沦落到了第三名,被同伴说了句"不如林漾",于是放学后把本该属于她的工作全部留给了林漾。陈聿眼睁睁地看着,没有多说。

后来他跟同伴一起回家,同伴说起刚刚林漾刚扫完地又要继续做剩下的活,问他怎么不去帮忙,他无所谓地说跟他有什么关系。可后来轮到林漾值日的时候,他总会偷偷帮她干掉一些活。

那天晚上林漾迟迟没有回家,他在家里坐立不安,最后打着伞去找她,发现她坐在地上哭,湿漉漉的眼睛看着他,不知怎么就格外心疼和自责。后来他再也没让她一个人回家过。

新年那天,他替她许愿说希望她岁岁长安,万事如意是无比真心的。妈妈帮他们拍的那张照片他打印出来夹在钱包里,泛黄了也不舍得换下。

他在平时也常常留意林漾在饭桌上哪个菜吃得比较多,去大排档时点的都是她常吃的那几个菜。

他表面上像是被迫买了束花,其实内心是很愿意的。他知道桔梗的花语是"无悔的爱"。

毕业那天,他和林漾合唱完去上厕所时听到他们讨论林漾,他突然有些不爽,于是没好气地说他永远记得一开始林漾灰头土脸的样子。

高考成绩出来,林漾没有去A市,而是去了南方。

陈聿把自己的情感深埋于心,他每次回家,康瑛都数落他:"你怎么这么不待见漾漾,从小到大都是这样,多好一女孩子。"

班上的同学也都是这样认为的。

陈聿不待见林漾,所有人都知道。可是陈聿喜欢林漾,从前,以后,都不会有人知道了。

那时的陈聿不知道,那些违心伤人的话一说出口,便是一生的错过了。

而他藏得小心翼翼的爱,如同被林漾写进《小王子》里的那些青涩敏感的少女心思。

《小王子》被永远封存遗忘在那个小房间里。他的爱,也永远,窥不见天光。

※ 与山

借年少月光

▶ 1 ◀

高中以前，除夕是没有和余鹤途说过一句话的，尽管他们住在同一个大院，同一栋楼。

他们的性格迥然不同，余鹤途是大院里的万人迷，走到哪儿都有一群人应和着。

和余鹤途相比，除夕就显得孤孤单单。大院里同龄的孩子从没见过除夕和朋友一起，久而久之，也就默认除夕喜欢孤独一人。

那天发生的事情在除夕的记忆里模模糊糊，用简单的语言说起，应该叫它意外。

那是除夕升入高一第一周的周末，阳光从院里大榕树的枝丫之间泻下来，洒在地上，斑驳陆离。除夕坐在楼下调好颜料，在雪白的纸上大致分出画的结构。就在这时，树上一阵窸窸窣窣，前天下雨的泥垢掉了下来，正好砸到画纸的中间。

除夕抬头就看见余鹤途站在三楼的走廊，手里拿着弹弓，想必是弹出去了什么东西，砸到树上，这才掉下来一坨泥垢，很不幸运地落在她的纸上。

他们一个在楼上，一个在楼下，目光交织，安静到能听见风在挂着晾晒的衣物之间穿梭的声音。

但除夕想象中道歉的场面并没有出现，反倒没过一会，余鹤途的身影消失了。

除夕有点呆，皱皱眉，没理解，他这

除夕很钝，感受不到余鹤途的小心翼翼，但余鹤途像股密密丛丛的风，无论除夕走到哪儿，都能精准地找到她。

是没打算道歉？

等她把泥垢用纸巾擦干净，正用棕色的颜料补上弄脏的地方，余鹤途才从楼道走出来。他用手指敲了敲除夕的画架，"喂"了一声。

除夕转过头，少年虽然不太好意思，仍然硬着语气道："我不是故意的，对不起啊。"

除夕看着他傲娇的模样，以为他不想来道歉，也不想同他计较，摇摇头，浅浅说了声："没关系。"

凡事如果讲求点到为止，除夕一定拿捏有度。

那日之后，余鹤途再在大院见到除夕，除夕还是低眉顺目的样子，头也不抬地从余鹤途身边走过。

余鹤途在三楼，看她穿着纯白的连衣裙从院门走过，会开始发散思维，想象她是和谁去玩。

他猜测，也许是和另外一个性格很好的女孩，她或许可以给除夕带去快乐，这让余鹤途浮想联翩，他极少在除夕的脸上看见笑容。除夕笑起来，应该很好看。

至于那幅染上污点的画，除夕花费两天时间画完它，挂在了房间的一角。除了弄脏它的人再也没找过除夕外，其他一切都很平常，平常到除夕都快忘记这个小插曲。

▶ 2 ◀

家与学校两点一线的生活让时间行走得很容易，除夕后来回忆起像是时间产生裂隙，那边是十六年来的循规蹈矩以及乖巧少事、性格孤僻的大众印象，这边是十七岁的夏夜因为余鹤途，鲜活又明亮。

除夕斟酌之后，在文理分科时选择了文科。偌大一个班，大家的烦恼各不同，有些人的烦恼是送不出去的情书，于除夕而言，烦恼具象成一个人回家的孤独。

那个再平常不过的夏夜，除夕照例最后一个走出教室。月考的卷子有些难，等她改完错题已经很迟。

她低头向前走，还在想那道地理成因类大题的得分点，余鹤途就在这时出现了。

他伸手拦住除夕，按亮他的电子表，在除夕面前晃了晃，问她道："很迟了，要不要坐我自行车回家？"

时间比除夕平常出教室晚了二十分钟。

余鹤途一番话说得自然有礼，除夕忽而觉得上次自己认为他不礼貌有点断章取义。考虑到回家太迟周女士会给班主任打电话，除夕点点头，坐在他的后座上。

余鹤途应该没有带过人，车子骑得歪歪扭扭。除夕不好意思抱他的腰，只好抓牢坐垫，始终提心吊胆着，害怕余鹤途摔倒。

在最后一个路口，除夕担心的事情还是发生了。男生的后背很硬，除夕碰撞上，额头骤然红了一片。余鹤途赶忙回头看除夕，除夕被撞傻，等额头察觉出余鹤途手心的温热，她才轻轻"嘶"了声。

红绿灯交替，瞬间变换了颜色，后面的车辆按响喇叭，除夕忍着痛让他快骑，余鹤途只好骑快点，好在走过这个路口就要到大院。

夏夜，少年，微风，自行车的后座，串联起来让除夕生出自己是女主角的错觉，可有点痛的额头和这条路的尽头又让除夕清楚地明白，这是一张女主角体验券，如同童话里魔法变出的裙子，到点儿就要消失。

余鹤途停好车后，满怀愧疚地向除夕道歉。除夕躲开余鹤途盯着她额头的视线，从来没有男生离她这样近。

夏夜的黏腻让除夕脸红，她很小声地说道："我要上楼了，今天谢谢你。"终究是没有追究额头上的红肿。

还没等到余鹤途回复，除夕就跑上楼，自然而然地错过了余鹤途后面想说的话。

余鹤途看着除夕的背影，抿抿嘴唇，想到以后还有时间亲近除夕，轻轻地弯了弯唇角。

吃完了周女士给她热的晚饭，额头上擦完药膏，除夕坐在窗边吹风，有点怅然若失，想不明白是因为什么闷闷不乐。

人的第六感总是玄妙的，除夕以为在这天之后，会和余鹤途恢复为之前见面不打招呼的尴尬氛围。然而第二日余鹤途就否定了除夕的本以为。

余鹤途的眉眼清隽，身上有股子少年气，和车子一起站在除夕经常走的那条路上，引得过路人纷纷侧目。

除夕本想越过他，却被他拉住了胳膊。他的手指上有茧，触上去的瞬间，除夕的皮肤瞬间泛起麻意，瞪大双眼看他。

余鹤途道："我来赔礼。"

见除夕没什么反应，余鹤途有些紧张道："昨天是我的错，以后都带你坐自行车上学。"

除夕用另一只手指了指额头上的包，无声地控诉他。

"我一定不会再让你磕到头。"余鹤途着急，就差伸出手指向除夕做保证。

除夕失笑，最终坐在了余鹤途的后座上。粉色的晨光很美，男生的肩膀很宽，她也敢试着搂住他的腰。

除夕想，或许从前烦恼的事以后再也不用烦恼，余鹤途看起来靠谱极了。

一条路，两个人，一起便是好些年。

▶ 3 ◀

因着每日有时间待在一起，除夕不似之前那般内向，知道了余鹤途的很多事。

比如她疑惑很久的，为什么每个周五，余鹤途都不在大院。

从小学开始，余爸爸就有意培养余鹤途的爱好，在余鹤途选中了射击作为爱好的时候，余爸爸已经替他规划好许多事情。

每一周雷打不动的射击课，让余鹤途

未来的道路已然明确。他要成为射击运动员，没有对自己天赋的盲目自信，余鹤途提起梦想亦是平静的。

他将拆开包装袋的雪糕递到除夕手里道："勤能补拙，永远会有比我天赋更好的人出现，上限和下限都是自己决定的，不自怨自艾，做好自己。"说到这儿，余鹤途把包装袋团成一个球，直直扔进了垃圾桶。

男生说这话时不骄不躁，徐徐述来，和她最喜欢的动漫角色有异曲同工之妙。

余鹤途身上的的确确有股让她安心的气质，除夕不认为自己有迅速交友的能力，和余鹤途的亲近，更多的是他在付出。

所以在那个雨天，她可以毫不犹豫说出她的秘密。

印象里除夕具体因为什么悲伤已经不可考，但那天小雨下得很密集，除夕回想起来，也仍然心疼当时的自己。

人们总是擅长把刀递给最亲密的人，或许这些不合时宜且一时冲动说出口的话在最后伤害的还是自己。

但除夕没有犹豫，她好像确定了结果般，用悲观的色彩讲述出沉甸甸压在她身上很多年的秘密。

她用平静的话说周女士其实是她的养母，她从孤儿院抱她回家的那一晚是除夕，于是给她起名除夕。

她很感激周女士的养育之恩，但每每看到名字，和家里缺少的父亲角色，都会觉得自己和大院里满怀爱意出生的孩子不一样，她以为自己同他们相比，少的那一部分父爱会被嘲笑。

这天除夕说了很多，看似和悲伤的原因无关，不过有时候，一个不完美的起点就能造成后面的所有不幸。

除夕内心有很多疑问不敢去问周女士，从而导致她性格敏感，慢慢缩成一个茧。所有人以为的性格孤僻只是因为她不敢与人交流，只能用厚厚的盾把自己包裹起来。高敏感的人只有用这种办法，才能保护自己羸弱的情绪。

时间静默了一会儿。

但现在，除夕说完之后，好像有什么变得不一样了。

余鹤途捡起她灵魂残缺的碎片，揉揉她的头发，给了除夕一个拥抱。

像是骑士和公主的关系，骑士踏着花园玫瑰枝的荆棘，来到除夕的身边，做好了长年累月孜孜不倦地给予她温暖的准备。

这些暖意让除夕依恋，她忐忑地仰头问余鹤途道："是不是因为我的性格不够好，大家才会不喜欢我？"

很傻的问题。

余鹤途斟酌了一会才念出她的名字："除夕呀。"他念出来的感觉冷冷如溪水，语重心长的语气让除夕心一颤。

"不用让每个人都喜欢你的，你在意的人在意你就够了。"

除夕很小声地问道："那你呢，余鹤途？"

余鹤途的眼神顿时灿烂起来，狠狠地揉了一把女生的头发，眼里含着笑意回答她："在意的。"他的眼神像极一池融融的月光，除夕的心跳在那个下午怦怦如同打鼓声。

不知何时起，雨停了。

 4

学业水平测试之后，两人虽然每天见面，但各自的心里都上了一根发条。

余鹤途开始忙省队比赛的事情，除夕被地理的成因类大题搞得头昏脑涨。好不容易有放松大脑的机会，已经是在年末除夕的生日聚会上。

除夕叫来余鹤途一起为她庆生，和周女士一起吹完蜡烛后，除夕提议要和余鹤途出去走走。

外面的风凉，除夕半张脸埋在围巾里，说话也软软乎乎的。

"过段时间我们是不是就不可以一起上学了？"

余鹤途跟在她的身后，踩着黄澄澄的叶子，吱吱作响。

"是呀，我不在的时间里，除夕可不能松懈。"

除夕撇撇嘴，她无论如何也不会松懈的，只当余鹤途是没话找话，况且，他会回来不是吗？

她把这次的分离当作人生中最普通不过的一次分开，但在除夕以为会顺着之前的故事弧线展开时，人生的轨道已经悄然发生改变。

下个学期伊始，余鹤途用实际行动证明了之前的努力都有用，只是带回来的不只有奖牌，还有在射击比赛中仅次于余鹤途名次的陈梦嘉。

陈梦嘉突然的转学除夕很理解，她所在的学校每年都会为顶级学府输送人才，陈梦嘉的选择在所有人看来都没有错，甚至年级里流传着陈梦嘉为余鹤途转学的流言。

在余鹤途传来好消息的那天，本市的报纸上专门报道了他们俩，用的词是"金童玉女"。

后面的内容除夕没有看下去，大院的榕树叶子因为萧瑟的冬风凋敝，除夕心上第一次泛起凉意。

察觉到余鹤途和陈梦嘉的关系匪浅，是那日，余鹤途要买新的射击服。

除夕应余鹤途的邀去了才知道陈梦嘉也在。

陈梦嘉和除夕截然不同，陈梦嘉干脆利落，做事从不拖泥带水，看见余鹤途出现指责他怎么来迟了。除夕不会这样，生气了也只会自己生闷气，等别人来发现。

不同于和除夕待在一起时的成熟，余鹤途和陈梦嘉更像同龄人之间的交流。

余鹤途笑得很轻松："堵车呗。"

陈梦嘉也似习惯余鹤途的不守约一样，率先走在两人前面，对着余鹤途道："五楼那家经常来的店有新的射击服，我带你去找。"

除夕跟在余鹤途的身后，墙上挂着很多种类的射击服，除夕看不懂，余鹤途看起来没有给她解释的想法。

除夕一向知趣，不会主动给别人添麻烦。

等余鹤途注意到她的缄默，除夕的疑问已经憋在嗓子眼了，她匆匆看了一眼正在结账的陈梦嘉，小声问他道："陈梦嘉是不是因为你才转来的呀？"

余鹤途敲了敲她的额头："你的脑袋瓜都在想什么？怎么可能！"他神情坦荡。

虽然他否认了，可除夕的心情仍然没有好转，因为那天到最后，是她一个人回的家。

教授他们射击的老师突然叫两人过去，余鹤途只好把她送到车站。在陈梦嘉催促余鹤途时，刚好车来了，除夕转身走上公共汽车，隔着窗户给余鹤途挥挥手。

两人就这样，一个向南跑，一个往北行。

▶ 5 ◀

没有一个春天不会到来，除夕冬日里许的冬天过后自己就会落落大方起来的愿望并没有实现。

不论除夕乐不乐意，他们上学时，还是变为了三个人一起。

余鹤途身后带着她，陈梦嘉一个人骑单车，带起一阵风，狠狠刮在除夕的脸上。除夕把围巾围得更高些，遮住了眼睛，抱着余鹤途，努力把这些烦恼屏蔽。

然而气场不和，总会有天发生意见不同，除夕在没有认清自己的想法时，就慌慌张张栽进三个人的纠葛中，说出自己不符合体育精神的想法也实属正常。

余鹤途和陈梦嘉以前在练习时为了活跃头脑，会随机提出一个辩题，两人打辩论。

春日的书店没什么人，学校旁边的书店有几张自习桌，为月考复习时，看他们兴致不高，陈梦嘉提议三人来打辩论。

除夕觉得这种方式很新奇，在余鹤途的邀请下也加入辩论之中。三人的辩题是"作为运动员，身体不舒服时训练要请假吗？"

很简单的题目，三个人自选论点，他们两人选择了不请假，除夕鬼使神差地选择了作为他们对立面的要请假。

等到陈述理由时，除夕道："如果是余鹤途的话，我希望他请假，好的身体比什么都重要。"

但反方的人好像不这么想，陈梦嘉说："运动员要有竞技精神，如果明天就要上场比赛，今天一定要继续练习。"

后来又举出很多的例子，想要说服除夕，聊到兴起，还会让余鹤途补充几个人物，三个人之间的气场，瞬间由她主导。

除夕的思绪已经飞远。

再回神，还是陈梦嘉郑重其事地对余鹤途道："我们未来并肩在领奖台上的愿望，可不能忘啊。"

余鹤途垂下去的眼眸抬了起来，在听到领奖时眼里闪过一丝光，对着陈梦嘉笑了笑，自动略去了她说的未来二字。

但除夕听得很真切，攥紧了手指，陈梦嘉说出口的未来，余鹤途一定会出现。

她并不是勇敢的人，不敢主动提起和余鹤途的未来，也并不能这么自信地肯定未来一定会有谁。

两人后来又说起训练的事，除夕悄悄地拿起水杯退了出去，眼眶有点涩涩的。

是啊，他们的未来充满不确定，她怎么就能认定和余鹤途一定会有一个结果呢？

她的占有欲作祟，使她比平日更多疑、小心眼，影响了对局势的判断。

除夕皱皱眉，她讨厌这样的自己。

▶ 6 ◀

除夕是在周五的晚上进医院的。高三的最后一学期，她的作息不规律，脸上以及脖子上一个下午便冒出来了很多红疹。

周女士正在谈生意，让除夕独自去看病。

在医院打最后一瓶点滴的时候，余鹤途才匆匆赶来。

他很温柔，摸了摸除夕脸上的红疹。除夕的眼睛红肿，分明是偷偷哭过。但说出的话好像被下了魔咒一样，他说："我们除夕什么时候能和陈梦嘉一样身体健康就好了。"

除夕的焦点聚在拿她同陈梦嘉做比较上，余鹤途的单纯感叹也被她理解得有歧义。除夕突然有种想要说出狠话的冲动，她不喜欢这样的比较，一直以来，也认为余鹤途是知道的。

"你的意思是我比不上她吗？"除夕低下头，那一刻对自己的否定达到了至高点。

余鹤途愣了愣，一时之间不知道该说什么回答她，在除夕的眼里，就好似默认了一般。

除夕自知失言，索性将话说得更为狠厉。

"反正我也不需要你陪，你去找陈梦嘉吧，我们高考之前还是不要见面了。"

倘若除夕睁开眼看看，就会发现余鹤途的眼睛顷刻之间泛上红血丝。

余鹤途的手愈发颤抖，紧绷着脸问除夕道："除夕，你是认真的吗？"

除夕梗着脖子，明明脊背那么单薄，却又不肯低头，她没再说话，一副拒绝沟通的样子。

余鹤途了然，便也不再强迫她说什么。

"这是我最后一次的考核，等我回来，会给你一个交代。"

说出口的话覆水难收，等除夕懂了这个道理并为之后悔，已经迟了。

而余鹤途，也并不算足够了解除夕，除夕想要的是明确说出口的肯定，他虽然追逐着除夕，可除夕把他递给自己的主动权又尽数还了回去。

还好时至现在，余鹤途还是懂除夕的。

她最缺乏安全感，他便给足；她想要冷静，他也留出时间，等她想清楚。他唯独接受不了除夕用冷冰冰的态度对他。

余鹤途早不知何时起把除夕划分在名为自己人的阵营，到最后，他仍然想的是这次触及彼此的底线，下次能用好好沟通解决问题。

余鹤途果真后几日没来学校，除夕脸上的疹子也消下去，一切似乎都是稳定运行，她等待着余鹤途的解释，也在心里演习到时候该怎样说原谅和道歉。

▶ 7 ◀

然而不是所有的误会都会有时间解开，他们也不会料到，除夕想要明确听到的话语，会迟到那么久。

周女士瞒着除夕，但风言风语无孔不入，这是除夕鲜少希望有奇迹降临的时刻。

周女士的家在南方，虽然除夕一次也

没有见过周女士的父母，但大致知道是书香世家。

年少的周女士一身反骨，毅然跑到北方，钻进了商海中，只是沉浮常有，周女士的劫数来得晚了些。

她对除夕很好，把除夕出国后要用到的钱全部存到卡上。除夕得知要离开，很无措。

周女士很少这么唠叨，等除夕收拾好书桌，她睁开假寐的眼，看着除夕，眼睛里有泪光闪过。

她告诉除夕，出了国，一个人无论多么孤独，也不要哭。

除夕的心密密麻麻地疼，一个人坐着出租车到机场，看着人来人往，她才切实地明白，那种孤独又要常伴在她身边。

除夕到达新西兰后顾不上哀颓。

一切都要重新来，除夕分配到的宿舍是两人间，舍友是土生土长的新西兰人，两人最初只能用简单的语言交流。

除夕每天需要花费大把的时间去了解专业名词，这在舍友眼中颇为不解，舍友曾经问过她为什么要这么努力。

除夕的回答是自己不是很适应，多学一点，总没有错。

舍友发出感慨，感叹留学生的努力。

最真实的原因也只有除夕懂，每每夜深人静的时候，除夕才敢直面自己的内心。

她最终还是没有学会和孤独相处，也没有修炼出哲学概念中斯多亚的不动心。

但这些努力让除夕逐渐在专业上大放异彩。有着弯眉、身材娇小纤细的东方女生，被越来越多的西方男生关注，他们热烈赤诚，表达自己的爱意，不过被除夕一一拒绝。除夕想象中的一段感情，应该是细水长流，文火慢炖的，像曾经余鹤途带给她的那样。

思念的感觉达到顶峰，是在新西兰的某座博物馆。

除夕在有舞狮表演的那日去了博物馆，东方文化很吸引外国人，除夕没有挤进最里面，就站在外面看。

熟悉的节奏一响，除夕的眼泪全部落在了围巾上。不敢说出口的，尽数都是想念。

尽管她强迫自己忙起来，可她欺骗不了自己，拒绝很多明示的爱意，是在等待。

曾经说出口的未来已经到来，同她一起说出的人却不在身边，除了余鹤途，没有任何一个人可以完全包容她的古怪和敏感。开始一段新的感情需要耗费时间，她想，最好是旧人来找，她愿意堵塞所有留给自己的余地，只等着余鹤途出现。

不过现在，她的前途未定，能做的只有擦干眼泪，向前奔走。

▶ 8 ◀

再遇余鹤途，是除夕来到新西兰的第四个年头。

在难逢的雨天里，除夕打着伞给果园的游客作油画。

时光荏苒，二十三岁的除夕有十八岁的除夕渴望拥有的所有美好性格。她已经不是那个害怕孤独的人了，她开朗，自信，落落大方，将自己的生活打理得井井有条。

在课余时间，除夕和很多不同的人接

触,为他们作画。

起初除夕也羞怯,但有许多陌生人鼓励她,画得多看见得也多,狭仄的道路就宽敞起来。

偶尔,她回忆起余鹤途,回忆起青春时代,那段时间里的人和事,都模糊了很多,归根结底,是因为除夕自己的强大。人们把这种未遗忘但是越来越模糊的现象,称作惝恍迷离。

"不是我说,隔了这么久,恐怕对方站在你面前,你都会觉得陌生吧?"手机传来的简讯,是除夕现在的华人舍友,她每日都有不同的话题和除夕聊。

昨晚她们的晚间话题正好是年少喜欢的人,舍友的性格大大咧咧,看不起除夕隔了好多年还时有时无的惦念,还讲余鹤途这种白月光,指不定早就有女朋友了。

除夕沉默。

那年奥运会期间,她关注了射击比赛,赛后采访时,她看见陈梦嘉,她果然陪他站在了领奖台上,取得了女子组第一的好成绩。记者该问的问题结束后,戏谑地把话筒转向观众席的余鹤途。

记者若有其事地问他道:"对于陈梦嘉取得冠军的好成绩,你有什么想说的吗?毕竟你们是射击比赛里,最闪亮的两颗明珠。"

余鹤途喝了一口矿泉水,微笑道:"都是为国争光,祝贺。"

言简意赅,记者见此也不再追问,祝他在接下来的比赛中取得好成绩。

除夕兴致缺缺,关掉了直播。

雨越下越大,想到这儿,除夕把雨伞顶在画架上,咬着唇回她道:"夸张了,还是可以认出的。"

室友以为她还心存执念,念叨了一句孺子不可教也停止对话。

除夕甩甩头发,晃荡掉杂念,重新执笔。

但这世上最多的就是巧合,要不她怎么在雨幕里,看见余鹤途,朝她的方向走来呢?

余鹤途第一句话说得格外熟稔,他说:"除夕,你好样的。"

除夕不知所措,不知道该用什么姿态面对余鹤途,她只好手忙脚乱地收拾画架,就要背着离开。

余鹤途不紧不慢地跟在她身后,走出果园一段泥泞的土路,他从后面抱住了除夕,随即是他呢喃的软话。

"我好想你,除夕。"

除夕蓦然松了口气。

几年错过的光阴,在一句想念中,全部弥补回来。包括除夕那时没听到的解释,包括她关掉的比赛采访里余鹤途后来对她表明心意的话。

余鹤途算准了她会关注他,告白的方式也格外温情。

余鹤途面对记者的镜头澄清道:"我是有在意的人,不是她的话,我没有勇气走到现在,如果她不想来找我,我会继续守护她。"

但他没想到除夕没有看完整,虽然没听到,不过除夕可以花费一辈子的时间,用掉年少的那张女主角体验券。

从前的小心翼翼,往后的明目张胆,都有机会,慢慢诉说。

乌云还在那里，不曾走开，但她心生欢喜。

乌云 乌 云
快走开

/// ✱ 陈小愚

1

那个女孩被救援队从山上运下来之后，幌山景区热闹了一点。

柔西看着躺在担架上面无血色的女孩，她很懊恼，她应该再好好劝劝的。这个季节在山上露营太危险，不仅有山蚂蟥，还有些不知名的神出鬼没的动物。最危险的是风，夜里山风很大，能把人当风筝刮起来，使人似飞鸟坠落。

女孩被救护车送走后，围在管理处的人群也散开了。事实上并没有许多人：一对从国外来的老夫妇，不知是被哪个导游骗来的。四五个背包客，包括那个被风刮下山坡的女孩，今日进山的游客不超过十个，还没有管理处的人多。

从管理处的窗口望出去，山上乌云浓密，大雾不散，雨将落不落地僵持了一整天。

柔西讨厌雾、讨厌雨，更讨厌乌云。因为她的工资有一部分要靠游客人头拿提成，只要下雨就没有游客，而只要出现乌云，幌山景区下雨的概率是百分之八十。乌云爱这片山区，像文艺片爱阴雨，终年不散，出太阳的日子屈指可数。

至于雾，雾永远在那里。

主任提着一个紫色的小鹰牌登山包，是那个女孩的，放到柔西的办公桌上说："一会儿下班后你送去医院，问一下她有什么需要，尽力安抚她。唉，这种鬼天气在山上露营，不知道她怎么想的。你昨天怎么不拦住她？"主任拍着自己光秃秃的脑袋，有些埋怨。

柔西有些委屈："我拦了的，苦口婆心劝了好一会儿，一转头人就不见了，我还以为她下山去了。"山路上有许多警示牌，说明风大，不建议露营，游客估计都不看的。

要怪就怪季北，昨天下午柔西劝说女孩的时候，季北正打电话喊她去吃榴梿。榴梿是她的本命，当时她一心想着榴梿，仿佛闻到了诱人的香气，正在呼唤她、引诱她。

她不情不愿地把登山包搬到办公桌下，包太沉，里面像装了石头似的。她佩服那个女孩背个这么大的登山包爬山，像背着重重的蜗牛壳的蜗牛。她两手空空地爬上去也要耗好多元气，一个榴梿尚不能补回。

说着，季北已经走过来。他身上脏兮兮的救援服还没换下，腰上还挂着几个攀岩扣，一只手撑在台面上，身上一股汗臭味，让柔西给他拿瓶水喝。

柔西不满地瞪他一眼，从地上的箱子里抽出一瓶矿泉水递过去。

握着矿泉水瓶的麦色手臂结实有力，水沿着他喝水时滚动的喉结往下淌，看得柔西也干渴起来。

季北双手撑在台子上说："救上来的时候我们简单地查看了一下，除了脚踝骨折和一些擦伤，没有伤到内脏，算是幸运。不过我下去救她的时候她挣扎得很厉害，似乎不希望我救她。"

柔西用手掩住鼻子，催他："快去洗澡，臭死了。"

2

幌山景区很小，山没有华山险，没有黄山奇，也没有庐山俊秀。跟人提起来，人家还以为是那大名鼎鼎的黄山，问她有没有免费的门票，柔西也懒得跟他们解释。

雨毫无意外地下起来，先是点点滴滴，而后是倾盆大雨。

主任看雨太大，叫季北开车送柔西去医院。他已经洗过澡，身上散发出一股淡淡的皂香。是很廉价的那种香皂，山下小卖部卖三五块钱一块，但很好闻。

救援队的老钱蹭他们的车一起去市区。老钱是季北的领导，平时景区的救援队就他们两个人，随时待命。若遇重大情况，会向市里请求再派人过来。柔西坐在后面，旁边放着女生半人高的登山包，听着老钱给季北介绍他即将大学毕业，准备过来景区玩的侄女。

"漂亮得很，比柔西还漂亮，性格好，又聪明，等她来了，你多带她玩玩。"

柔西听出来了，她性格不好，也不聪明。她在后座双手抱胸扭头看窗外，雨糊了车窗，外面什么也看不清。她索性拿出耳机塞到耳朵里，听蔡健雅的歌。

"乌云乌云快走开，感觉你在挑战我的乐观的乐观……"

到医院的时候，那个女孩的伤口已经处理好了，躺在病床上一言不发。她背对着柔西和季北，不肯转过身来，问也不回应，似乎要把对这个世界的恨意都发泄到他们两个人身上。

"不肯吃东西，也不肯打点滴。"医生跟柔西说，"你劝劝。"

柔西看季北，季北双手插在裤袋里，对着她耸耸肩："我去买点粥和水果，你陪她聊。"

柔西揪了揪他的衣角，没揪紧，让他溜了。她推了推鼻梁上的眼镜，在病床边的椅子上坐下："我在这里待一会儿，你要是想说话就说，不说也没关系。其实我也不是一个很擅长聊天的人。"

女孩没有反应，像是睡着了。柔西拿出手机，M半个小时前发来微信，问她国庆假期要不要去上海玩。"到时正是吃螃蟹和蟹黄汤包的季节，我可以带你去外滩玩，之后坐旅游船去崇明岛看水鸟。"

M是来幌山爬山时认识的，当时他咨询了柔西很多事情，留了柔西的微信。他爬山下来后住在山下的招待所，离柔西的宿舍很近，就常找柔西出去吃东西，沿着山脚的步道散步。离开之后他常和柔西在微信上联络，从诗词歌赋谈到人生哲学。

M是从上海来的，柔西从没去过上海，尽管也不算远。可她还没想好怎么回复他。

"可以帮我打个电话吗？用你的手机打。"女孩突然说话了，仍背对着柔西，声音像从墙壁里发出来的，"告诉他我的情况，尽量说得严重一点，拜托了。"

3

电话拨到第二次才通，男生在那头得知了情况，沉默了好一会儿才说："你告诉她，我会通知她的家人和朋友，让他们过去带她回家。我们已经分手了，我不会再出现在她面前。"

柔西没有在病房里打电话，她是去楼道里打的。她抬头看到季北正站在应急通道门口看她，还丢给她一瓶橘子味汽水。她没接住，汽水顺着阶梯滚下去，一直滚到了最下面。

"我去捡。"季北噔噔噔地跑下台阶，又一步几级台阶地跑上来。

男生说完就挂断了电话，柔西站在那儿发愁，把事情跟季北说了。

季北把手中的饮料高高地抛起，又接住，反复几次后跟柔西说："你别管，让我来处理。"

他说这些话的时候真的很帅气，他无论做什么都很帅气。柔西看着他走向病房，背影笔挺又帅气，在心里叹了一口气。幌山景区就是男生太少了，才会让季北一枝独秀。如果多来几个男生，她或许就不会这么在意他。

天黑之后，柔西在医院附近的超市给那个女孩挑日用品。她站在香皂区，拿起香皂挨个闻，想寻找季北身上的气息。她看到墙上玻璃反光映出的自己像个变态，又惊了自己。

回去之后看到女孩在病房里哭，柔西惊慌地拉着季北："你把人家弄哭啦？"

季北无所谓地耸耸肩："哭出来就好了，憋着才难受。"

"你到底跟她说什么了？"柔西可不想被主任骂，说她没照顾好女孩。

"我只是把我的真实想法告诉她，跟她说要爱惜性命，没有什么比性命更重要。"

当晚主任让柔西守夜，怕女孩想不通又做出什么傻事来，还说在女孩的家人从外地赶来之前，景区有义务照顾好她，这个义务就集中在了柔西身上。

季北二话不说就赶柔西回宿舍，说由他来守。毫无疑问，换了任何一个管理处的人，季北都会这么帮忙。他天生一副热心肠，不知苦也不知累，做事认真，待人有礼，在景区很受欢迎。就算是榴梿，他也不是只买给柔西一个人吃，只要是喜欢吃榴梿的，见者有份。

柔西一个晚上都没睡好，天快亮时睡意来袭，便起晚了。

到了医院，女孩的家人也刚赶到，几个中年男女围着那个女孩嗡嗡嗡地吵。得知柔西是景区管理处的人，又上来围住她，质问她这种天气为什么要放任游客在山上露营。

"你们景区应该负全责。"

"赔偿，除了医药费、精神损失费，还要报销我们坐飞机和打车的来回路费。"

不知谁开始推搡，柔西被推撞到墙上，肩膀一阵生疼，接着有人伸手揪她的头发。她脑袋晕乎乎的，缺氧，像溺水的人。直到一只有力的手抓住她，把她从人群中拉出去，重新拥抱空气，才又活了过来。

"干什么干什么？！我报警了，谁敢再动她一根头发，我当证据录下来。"

季北一只手把柔西护在身后，一只手举着手机拍摄，他凶巴巴的样子也很帅气。几个中年人安静下来，面面相觑，又走到床边去数落女孩。女孩只是躲在被子里哭。

柔西紧紧攥着拳头，像那种好了伤疤就忘了痛的野生动物，红肿着双眼冲上去推开他们："喂，她已经很难过了，你们就不能对她好点吗？你们这样算什么家人？"

几个中年人大概被柔西发怒的样子震惊了，面露愧色，纷纷沉默下去。

她扭过头来，看到季北正在看她。他眼中有不灭的光，能驱散乌云。

4

晚上，女孩的家人回酒店去了，柔西也准备走。女孩小声地叫住她："对不起，谢谢你，是我给你们添麻烦了，请原谅我和我的家人。"

柔西不是一个擅长聊天的人，但她在椅子上坐了下来，看着女孩，很认真地说那种很老套的话："我接受你的道歉和感谢，但是也希望你记住，没有什么比性命更重要。不要再拿自己的性命不当回事了，如果你不爱自己，也没人会爱你。"

"你一定很讨厌我和我的家人吧。"女孩红着眼眶说。

柔西摇头："不，我没有理由讨厌你们。讨厌别人是一件让人很疲惫的事情。"

女孩张了张嘴，又闭上，不再说话。

但她对柔西露出一个浅淡的笑容。

不知女孩是怎么说服她的家人的,几个中年人没有到景区来闹。女孩离开的时候加了柔西的微信,对柔西说:"如果你来上海,一定来找我,我请你吃饭。"

柔西记住了她的名字,很美的名字,林筑梦。

那天晚上又刮起了大风,睡在宿舍里的柔西听到风用力拍打窗户的声音,像一群丧尸出笼。

风小了之后是暴雨,大暴雨。住在一楼的柔西起来接水,用毛巾堵门缝。但这次不顶用,浑浊的雨水如泥泉一般从门缝下涌进来。不过半小时,房间的水位已到小腿,能淹的都被淹了,包括新买的地毯和书架。从窗口望出去,凄风苦雨,水已经快漫到窗台了。

暴雨时景区自动断了电,屋里漆黑一片。柔西想开门出去,门卡住了打不开。她用力推,浑身被水浸得湿透发冷,一种一切即将终结的恐惧攫住她。她很不甘心,大叫着拍门,打开窗子抓着防盗窗喊救命,像被关在笼子里即将被沉入水底的无辜的人。

手电筒的光亮扫过来,有人在不远处艰难地涉水。柔西听到季北在喊:"别怕,我来啦。"

那一刻,恐惧被驱散,在漆黑的雨夜里,有一束光直抵最暗处。

门被打开的那一刻,柔西扑上去抱住季北,狼狈得号啕大哭:"我要离开这个鬼地方!"

待到天气好了,主任找柔西谈话,好言好语:"宿舍给你调,调到高一点的楼层,泡了水的家具和损失的财物可以报销,每个月再给你加点补贴,你觉得怎么样?"

柔西把辞职信递过去,主任苦着脸说:"人难找,都不肯到这里来。这样好了,你再坚持三个月,三个月后我准你走。你不是想去上海吗?上海那边有家动物园的园长我认识,到时给你写推荐信过去。"

大风和暴雨把许多树枝给打下来,拦住了上山的步道,管理处集体出动去清理。下过雨的清晨,阴云仍盘踞在山顶,浓雾在雨衣上残留一层水雾,五米之外看不见人影。湿冷的空气钻入心肺,呼吸一口就会忍不住颤抖。

季北拖着树枝一瘸一拐地靠过来问柔西:"你要走了?"

柔西停止打扫,望着他俊朗如晴天的脸,想起下暴雨那晚他背着她涉水到安全地带。她趴在他的背上一直哭,泪水和雨水一起浇在他的背上,他一言不发。隔天柔西才知道他的小腿被混在水中的锋利物割伤,割了好大的口子。

"你的伤怎么样了?"柔西没有回答他的问题,低头去看他的小腿。

"没事,快好了。"他咧开嘴笑,他一笑,柔西觉得头顶的乌云都散开了。

不要贪恋片刻光芒,乌云还会回来。她暗自捏紧拳头,下定决心,这次无论如何都要离开。

5

三个月说长不长说短不短,柔西既想

时间走得快点,又想时间走得慢点。

天气更冷一些时,乌云出现得也更加频繁。有时整日盘踞山头,像只脏兮兮的慵懒的怪兽趴在那儿。从管理处的窗口望出去,总是让人沮丧。

老钱的侄女从北京过来玩,老钱买了好几个榴梿讨好柔西,想让他侄女跟柔西睡一个屋。景区偏远,出去住不方便,住在常年没什么游客的招待所里,一个小姑娘又感到害怕。柔西看在榴梿的分上答应下来,让姑娘睡她的床,她睡沙发上。宿舍已经换到三楼了,即使下暴雨的夜里也可以安睡。

姑娘叫沛沛,确实是个美丽可爱的姑娘,性格开朗,有许多问不完的问题。才见面不到两个小时,她就拉着柔西说她们一定要做好朋友,好像"成为好朋友"只是愿望清单上的某一项,类似要去蹦极或是攀岩,只要跳下去或爬上去就能达成目的。

等到季北出现,沛沛就会松开柔西的手,缠着季北带她爬山和采蘑菇。他们带着干粮和水,到山里半日半日地消磨,也没见采几朵蘑菇回来。

柔西突然又不讨厌乌云了,乌云浓密的时候季北不会带沛沛上山,沛沛就坐在管理处的摇椅上玩Switch上的游戏,等着季北下班,拉上他一起去吃饭。季北总是会叫上柔西。

有一天沛沛想到市里去买双新的登山鞋,她们在最好的商场里逛,沛沛爽快地买下一双价格差不多是柔西半个月工资的鞋子。等沛沛去洗手间的空当,柔西在入口的降价折扣区买了一双帆布鞋。她记得季北的鞋码,想把鞋子当成分别的礼物送给季北,感谢他这两年请自己吃的榴梿。

可是她看到沛沛提着一双跟她同尺码的男款登山鞋过来,笑眯眯地对她说:"为了感谢季北哥的照顾,我送他一双登山鞋,他应该会接受吧?"

"应该吧,他不是很擅长拒绝别人。"柔西把装着帆布鞋的鞋盒拎到背后,回到宿舍后就塞到沙发底下,她希望鞋子被黑暗吃掉。

少见的晴天,沛沛买了很多零食,抱着一张毯子拉季北和柔西去山上野餐。柔西正好休假,出太阳的日子她心情都很好,并且野餐听起来也不错。山上信号不好,她特地下了很多歌。

季北和沛沛走在前面,柔西在后面慢慢爬,听完了蔡健雅一整张专辑的歌才爬到野餐地。

上山前还心情愉快的沛沛不知怎么就突然愁眉苦脸起来,柔西坐在草地上吃零食,透过淡淡的薄雾看整个幌山。到处都是翠竹和青松,高大的杜鹃树杂在其中。若是四五月,杜鹃花开一丛丛,很美很美,只是一夜的雨雾就会把花无情地打落。

季北躺在柔西身边,双手枕在脑后。时隐时现的阳光照在他的脸上,柔西能看到他长长的根根分明的长睫毛。他好看的鼻梁和嘴角的弧度像有某种致命的吸引力。

"沛沛呢?"季北睁开眼,看了一眼

周围。

柔西摇头，她一直在听歌，不知道沛沛什么时候不见的。

6

天快黑时，管理处全部上山寻人。

主任不停地数落柔西："好好的人怎么就不见了呢？你们两个人到底是怎么看人的？"

柔西表示不满："她那么大个人了，又不是小孩子，还要人看吗？"

老钱急得脸黑沉沉的，看着柔西时像要吃了她。

大家两个人一组在山道上行动，大声呼喊沛沛。季北去山顶了，柔西被落下来，提着大手电筒往南边走。山里到处回荡着"沛沛，你在哪里"的声音，漫山遍野地回荡，柔西觉得沛沛如果不是出了意外，那么她一定能听到呼喊声。

一些坏念头闪过，柔西有些急了，走得也急，心中懊恼，野什么餐呀？

天越来越黑，柔西走得越来越远。风声鹤唳，不知名的鸟儿在茂密的树丛里发出咕咕的叫声，脚边的草丛窸窸窣窣。她害怕从黑黢黢的草丛里蹿出什么来，光顾盯着那些草丛，走得又快，气喘吁吁，没注意滑了一跤，滚到石阶下。

要不是石阶最下面有块大石头拦着，她大概会滚到山下去，呜呼哀哉。惊魂未定地爬起来，她也顾不得脸上、身上被擦伤的疼痛，在那鸟儿嘲笑似的咕咕声中往回走。

手电筒在她摔下台阶的时候脱了手，掉到很深的山崖下去了。四周不知何时安静了下来，没有再听到大家呼喊沛沛的声音。寂静和黑暗包围了柔西，她一步一个脚印慢慢地往山下走。

回到管理处，大家正围着沛沛嘘寒问暖，原来她是在山里迷路了。

主任看到柔西，又抻长脖子看她身后："季北没跟你一起吗？他见你没回来，又去寻你了。你怎么磨磨蹭蹭的啊，大伙回来都有些时候了。"

柔西想到季北腿上的伤还没好，气呼呼地扭头要去找他。一回头就见他站在台阶上，咧着嘴朝她笑，一双眼睛里盛满星辰，清澈干净，熠熠生辉。有一瞬间，柔西什么都不想了，什么暴雨、大风、浓雾和乌云都不想了，她只想这么看着他。

身边蹿过一个人影，沛沛已经冲过去，扑到季北怀里大哭："季北哥，要不是你找到我，今晚我就要在山上过夜了。谢谢你，谢谢你。"

大家又围上去，嘻嘻哈哈地打趣他们。

季北轻轻地推开沛沛："我腿疼。"他仰着头去寻柔西，此时柔西已经走了。

几天后沛沛要回北京，有些依依不舍。每个人都很喜欢性格开朗的沛沛，也很舍不得她。

季北和柔西送沛沛去机场，沛沛红着眼眶抱住季北久久不肯松手，像难舍难分的恋人。柔西在后面轻叹一口气，她看到季北难为情的脸和僵硬的躯体，生气他这个傻瓜对不喜欢的事情也不懂得拒绝。她看得出来，他不喜欢被拥抱。

回景区的路上，柔西问季北："沛沛那天在山上到底怎么了？她为什么那么不开心？"

季北望着前路，神色有些严肃："上山之前她吻了我，我推开了她。"

柔西叹了一口气，可心里有点儿高兴。

7

宿舍里的东西都收拾好了，一部分寄回老家，一部分寄去上海。林筑梦很乐意收留柔西，说直到柔西在上海安定下来以前，都可以住在她那里。

M还是断断续续地给柔西发微信，得知柔西要到上海工作，很开心。

离开景区之前，季北因为家里有事回杭州了，柔西那几天都没见到他。她把那双帆布鞋从沙发底下拿出来，放到季北的宿舍门口，又用景区的明信片给他写了几句话。语气看起来是一直以来跟他说话那样故作轻松，末尾写下蔡健雅那首《被驯服的象》里的歌词——

"迷雾迷雾在迷雾，我惊觉自己在原地踏步，到底是谁把我心蒙住，不想再糊涂。"

再见大兄弟，祝你安好。

去上海的动车上，忧愁似浓浆浇灌着柔西。她靠着车窗哭了。她正在离开熟悉的人和地方，去未知的远方见半生不熟的人。她厌恶的乌云已经远去，可是心中仍在下雨。

短短三四个月，再见林筑梦，柔西觉得眼前的女孩与那个缩在病床上哭着拜托柔西打电话给前男友的女孩判若两人，也与那个被人从山上抬下来时一脸苍白的女孩判若两人。她一脸明媚的笑，像只有三秒钟记忆的鱼，让柔西想起了沛沛。

有主任的推荐信，柔西很顺利地被动物园录用，并没有在林筑梦那儿住很久。

那是一个偏僻的小小的动物园，园里的动物种类不多，平日里游客很少，只在周末和节假日见到些许人影，到底比幌山景区要好些。上海的天气也好多了，没什么乌云，可动物园里总散发着一股动物的尿骚味。办公室小小的，柔西的工位没有窗，屋子里全天都开着白炽灯。她不时地听见屋顶有声响，同事说是孔雀在上面走动。

林筑梦和M常约柔西出去，带柔西逛了上海的许多地方，吃了许多美食。刚到时的那股新鲜劲随着时间的流逝也像穿旧了的衣服，高楼大厦也好，外滩也罢；夜晚的霓虹璀璨也好，玻璃橱窗里随季更新的奢侈品也罢，不知怎么的，日渐乏味起来。

不能怪这个世界，柔西本就是一个对什么都很容易感到疲乏的人。

但她常常想起季北，而且想得越来越频繁。与M漫步在外滩的时候，和林筑梦走在田子坊的时候，听着My little airport乐队的歌在动物园里乱逛的时候，看着孔雀在屋顶散步的时候，夜深人静的时候，她都会想起季北，想起他眼睛里日不落的光芒。

M向柔西告白时，他们正坐在一家精致的、可以看到外滩美景的餐厅里。梦境般美丽的外滩，让柔西想起《了不起的盖茨比》里的一句话：世界的基石牢牢地建立在仙女的翅膀上。

她低头去看自己白色帆布鞋上不知何时沾上的污渍，心里想着能不能刷洗干净。抬头看到 M 失落的脸，她觉得很抱歉。

8

离开幌山后，柔西还是常和季北联系，仅限日常问候。不知出于什么原因，他们都默契地不深入聊天，无论诗词歌赋还是人生哲学，好像这些东西最终会变成打击他们的东西。

柔西倒是从幌山的前同事那儿听说了不少季北的消息。

他们说："你离开景区后，他很少笑，也不再买榴梿给我们吃，整个人都变了不少。沛沛几次打电话来叫他去北京玩，可都被他拒绝了。"

季北在柔西离开幌山的半年后也离开了。他先是跑去当攀岩教练，之后加入了更专业的救援队。

嫁去美国多年的姨妈跟柔西说："要不你来美国读书吧，你不是想考研吗？地质学什么的。你爸妈还有些钱在姨妈这里，足够你读书，姨妈只希望你能做自己喜欢的事情。"

柔西很清楚，过世多年的父母并没有给她留下什么，连记忆也没有，姨妈是为了让她没有负担地去美国。事实上，她也没有什么喜欢做的事情，但她仍说："好，我去留学，我考地质学。"

柔西的英文一直不错，雅思和一些入学测试过了以后，有姨妈在美国张罗，学校的申请也没有耗费太多时间。倒也不算什么好学校，胜在离姨妈家近，开车只要两个小时。

加州是一个没有乌云的地方，阳光无处不在。柔西苍白的皮肤在这儿并不是很受欢迎，同校的加州姑娘们晒得很健康，假期一到就穿着比基尼冲向金子般的海滩。

到了加州以后，柔西才发现自己对阳光过敏。只要一晒太阳，她的皮肤上就会起一片红色的疹子，需要反复看皮肤科医生。以致夏天她还要穿着长袖衫，并且尽量待在室内。

两年的学习生涯结束后，柔西靠着姨父的关系进了一家能源公司。她对自己的工作既不热爱也不讨厌，并且做得很好。四年后她升任海外事业部的副部长，然后被派回上海。

M 和林筑梦一起来接机。自柔西去了美国后，M 和林筑梦常约会，之后走到了一起。他们的婚礼是在三个月后，柔西先恭喜他们，看着他们脸上洋溢的幸福，觉得命运真奇妙。

"对了，你有没有听说幌山景区火灾的事？" M 突然说。

"什么火灾？"柔西一时间以为是那个大名鼎鼎的黄山。

得知是自己熟悉的幌山，整个景区的山林被烧了三分之一，她的身子忍不住颤抖起来。

她不敢相信，那个终年阴雨浓雾的山

区也会着火。她发消息给主任,没有回复。她又发消息给景区其他的人,老钱给了她回复,说事情已经过去两周,火早已被扑灭。万幸救火队没有人员牺牲,但还是有被烧伤的,包括季北。

"他不是跟着一个拍摄团队去了可可西里吗?"柔西十分震惊。

老钱说:"他是两个月前回来的,从可可西里回来后又回了这儿工作。他说跑了那么多地方,还是这儿最舒服。他担心他不在的时候有人爬山会出意外,还真以为自己是山神呢。"

"他的烧伤严不严重?"柔西忍着眼泪。

老钱说:"可能会毁容。"

柔西握着手机的手颤抖得几乎抓不住手机,六年来她如困迷雾,此刻似乎打破重重迷雾而出。她用变了形且颤抖的声音冲着开车的M喊:"停车停车,我要下车,在路边把我放下!"

"我们在高速公路上。"林筑梦提醒她,扭头拍拍M的肩膀,"油还够吧,送她去幌山。"

9

四个多小时的车程,柔西觉得时间像被拉长的麦芽糖。

车子到景区宿舍还未停稳,她已推开门冲了下去。而命运在幌山第一次眷顾她,她在宿舍楼门口撞入一个结实的怀抱,抬头对上那双时隔六年仍旧明亮清澈的眼睛。她哭了起来,拉着季北转了一圈,心急如焚地问:"你烧伤了?伤了哪里?毁容了?没有啊,到底哪里伤了?"

季北愣怔了很长时间,不敢相信他日夜祈求的命运撞入他的胸怀,结结巴巴地说:"柔西,你……你怎么回来了?你不是在美国吗?老天,我不是在做梦吧。"

那天傍晚,他们牵着手迎着柔柔的风爬上山顶。望着被烧黑的大片山林,柔西心里很不是滋味。季北安慰她:"树木自有它们的自愈能力,野火烧不尽,春风吹又生。"

"老钱说你可能会毁容。"柔西说,低头时又看到季北脚上的那双帆布鞋。那是六年前她送给他的那双,早已经穿旧了,也可以看得出他穿得小心翼翼,不由得鼻子酸涩。

季北笑起来:"肩背后面确实被烧了,难看得很,你要看吗?"

柔西的脸红了,拉着季北,认真地看着他说:"你听我说,我好像一直都没有什么喜欢做的事情和想要去做的事情。我好像永远没有办法满足我自己,我很难感到真正的开心,唯一能做的是满足今天的自己,学着让今天的自己开心。今天的我很开心,从未这么开心过。我确定了,喜欢你是我想要做的事情,哪怕只有今天。"

"只有今天也没关系。"季北笑得很灿烂,张开双手拥抱柔西,"今天已经足够,此刻更好。"

柔西从季北的肩膀上抬起头,望着幌山的天。乌云还在那里,不曾走开,但她心生欢喜。

下雨吧,下吧下吧。

簪花把酒画中仙

他和她短暂地相遇，
无奈地分离，
两人怀揣着自己的心思甚至不曾坦白过，
可这一生，也许就这样了。

他放在心上的，左不过四方安宁，还有一个她。

故东赋

* 厌淮

1

相玉随戏法班子游演的这日，素来燥热的凉州城蓦地下起雨来。

她坐在装满了行头的马车上，扯过一张薄被盖在身上，心里却忍不住念叨这说变就变的天。

前些日子凉州刺史得大机遇进京入仕，在城内浩浩荡荡大摆筵席宴请宾客，以贺升官之喜。除却一应歌舞，刺史还着意盼咐找来戏法班子，为这宴席添点趣。

走过雾蒙蒙的细雨，相玉得见凉州城内街头巷尾悬挂的彩幡红灯，只那雨不见停息，冲刷着城内的喜气。

远远便见了一派欢天喜地，相玉瞧不远处推杯换盏之景，只觉透着一股古怪。

然她并未细想，听从班主交代，随师兄们安置戏法台子。

待一应物件准备齐全，相玉便随着师兄上了台。本是些按部就班的戏法，倒也没什么新奇的。她下台时，一阵破风声响起，倏然几支箭直入宴中。

相玉眼见着方才还满面春风的刺史大人，转头便瞪着大眼成了具没了呼吸的尸体，偏他胸前还渗着血，晃着她的眼。

她立时忘了该如何动作，人群中疾呼响过，随即四面八方传来刀剑之声，喧闹的宾客中银光乍现，此起彼伏。

相玉陡然醒过神，慌乱地躲进台后，眼前仿佛又有血光涌起，再次将她带入那个浑然不觉的噩梦里。

过了很久，混乱渐渐平息。她小心翼

翼地从台后钻出来，瞧见有身着玄色劲装的男子，手握钢刀，将这场祸乱平息。

相玉不敢出声，她屏息凝神欲回到原处，不承想一个人影挡住了她的去路。

她心头微凛，抬眼去瞧，只见一张漂亮得不似凡人的脸，正低眉看她。

竟是翊王苏横。

不知为何，相玉仿佛自他晦暗不明的眼神里瞧见了几分惊疑，不过一刹，便归为寂静。

她本以为怕是一场牢狱之灾，已然忘了辩驳挣扎，岂料他瞧着她手上袖口露出的镯子，静默许久，道："这镯子倒是眼熟。"

相玉不解，下意识地将镯子藏回袖中，解释道："这镯子是小女自幼便戴着的，不敢叨扰王爷贵眼。"

苏横没说什么，兀自扯出一条锦帕，道："可愿随我离开？"

相玉被他这突兀的一问弄昏了头，忍不住抬头看去，竟撞进一双平静却满含深意的眼里。她一时怔了神，忙不迭地错开眼神。锦帕蓦地落在她的脸上，罩住了她目光慌乱的眼睛。

"莫叫血脏了眼睛。"他嗓音冷淡，却让相玉无端觉出来几分暖意。

"你认得我？"

相玉点点头："三月前边疆叛乱，王爷领兵路过凉州城时，民女曾有缘得见。"

苏横却道："我是苏横。"

相玉不懂他这话是何意，然甫一启唇，还未出声，便听他低嗤一声："来人，带她回京。"

2

相玉随苏横入京后不久，不近女色的翊王接了个女人入府的消息像长了翅膀似的，不过几日便引得京都议论纷纷。

苏横却仿佛转头便忘了有这么个人。

苏横吩咐人给相玉安排了住处、吃食、衣裳，都妥帖非常。然她住得并不踏实——每每午夜梦回，刺史死不瞑目的模样，便会令她惊出一身冷汗。

她安慰自己许是日后也就如此了，饶是如此宽慰，心头郁气仍然未解开，便发起了急症。病势来得凶险，相玉发着热，全身疼得厉害。

她疼得迷迷糊糊，也不知睡了多久，微微睁开眼，竟瞧见了大半月都不曾再见的人。

苏横倚坐在桌边，手执书卷，守着一盏烛灯，微光下那张妖冶至极的脸，在烛火晦明间仿若模糊了世间万千。

相玉便这么看了半晌，忽而想起曾听过的关于翊王是是非非的传言。

世人道他身为新帝叔父却与四王爷分庭抗礼，二人将新帝挟困于朝廷，这实乃有碍江山社稷之祸事。

"醒了？"

相玉神思骤然清明，见苏横搁下手里的书，正抬眸瞧她。

他似有倦意，相玉不知他为何在这里，又待了多久，哑声道："王爷？"

苏横起身走到床榻旁，叫相玉不可避免地忘了呼吸。只见他自袖中伸出手来，天青的锦缎衬着他白净的手指，衬得他手中的那只瓷瓶尤为显眼。

她下意识地去瞧他，只见他全无初见时的神色冷硬，倒像四月初春的天，难得温和。

"在这儿住得不习惯？"他问。

见相玉抿唇不语，苏横也不恼，收回手，道："你病得突然，这病虽古怪了些，倒也不是什么大病，府上有药，你吃了就是。"

药？相玉听得此言，指节陡然扣紧，她故作平静道："小女这病确实古怪，先前发作时未曾用药，忍过几天也就无事了。"

她知晓自己这病，是打娘胎里带出来的怪症，发作起来能要人命，后经用药调理，倒也不曾犯过。

相玉睨着苏横脸色，竟瞧见了他忽而轻挑的嘴角，下一瞬，他竟纡尊降贵地扶她起身，又将瓷瓶打开，倒出来药递到她唇边："无毒，放心就是。"

相玉察觉到药里熟悉的香味，不敢动作，木偶似的将药吃下，喝下他又递来的水，这才觉得呼吸顺畅了些。

苏横舒展眉心，松开手："我不通药理，只知你这病没了这味乌桐木，神仙难救。"

相玉霎时白了脸，她望向苏横的目光也变得满是防备。

他却不欲细说，话锋一转，轻描淡写地问道："你方才，为何看我？"

相玉被他这话闹了个大红脸，登时便忘了刚才的防备，语无伦次道："想起些事，一时愣了神。"

她这模样，倒叫苏横失笑："你且说说是什么？"

"王爷同外头所传并不相符。"

闻言，他问道："如何不符？"

相玉这才忆起，苏横如今也不过是年及弱冠的少年，合该恣意快活。

她思忖片刻，道："王爷良善。"

苏横默然许久，眼底的柔光慢慢散去，空留一潭寒水似的凉："若觉得烦闷，便出去走走。"他微顿，又道，"我得空时，带你出去也未尝不可。"

他说罢，便离开了。

3

相玉这病养了几日，不等苏横得空，便迎来了阖宫夜宴的消息。

苏横邀她同去，委实叫她吓了一跳。

相玉想拒绝，却将他一句"宫中盛景，我想带你看看"听了进去。

漫长的宫道上灯火如昼，照得长夜尽明。

新帝为贺翊王大破敌军、夺得关外要塞，特于宫中设宴，为他接风洗尘。

这夜宴倒也没什么有意思的，相玉戴了面纱规矩地跟在苏横身侧，对四周时有时无的目光视若无睹。

纵使美酒珍馐万千，她也味同嚼蜡，只看着宫阙上的寸檐片瓦。

她抬起眼，发觉有人在看她，隔着人影绰绰，那道视线似乎越发灼热。

苏横以为她是身体不适，便道："晚些时候，我们便回去。"

相玉没说什么，摇了摇头。

宴酣之时，皇帝起了兴，谈及苏横劳苦功高，先是随先帝建立新朝，又是于大越风雨飘摇之时替皇室征战四方，安定内外。

前朝之事本该封在史书之下，却不知皇帝为何提了起来。

相玉不懂那些弯弯绕绕，听了"前朝"二字，眼里起了潮气，抬眼却看见了苏横古井无波的眼眸。

分明全然平静，可在相玉眼里，让她没来由地觉得安定。

她怔怔然将酒饮尽，再看他时，似乎这过喉的酒也不那么凉了。

新帝不拘着缛节，苏横为躲清净，拿旧疾做借口，拉着相玉偷偷溜了出来。

他面颊微红，眼神蒙眬，任谁看了，一眼便知这人原是个不能喝酒的。

她正要说什么，却听见一道满是揶揄的调笑声："竟不知……皇叔待佳人，也如此如珠似宝。"

月光照亮来人的脸，竟是四王爷苏琮。

他话对着苏横，眼神却一直在相玉的身上。

她蓦地想起方才席间那道刺人的视线，大抵便是来自他了。

相玉欲见礼，面上倏然盖了一道广袖。

苏横脑袋昏沉，说话有些漫不经心："你怎么来了？"

"皇兄不见皇叔，便差我来找找。"

听到这儿，相玉忍不住伸手拽了拽苏横的袖口，朝他看去的目光，都多了些惶然。

苏横瞧着被她拽着的袖口，一时失了神，而后安抚道："我着人送你回府。"

夜色寒凉，青石阶上染着疏淡的月光。

相玉自回府后便坐在石阶上，眼睛一眨不眨地盯着门口。

眼见着夜色渐渐沉了，相玉准备回房歇息，苏横这时回来了。

他面色酡红，凤眼迷蒙，眼尾透出来潋滟的红，活像戏本子里索人魂魄的妖孽。

不知他打哪儿拿了两坛子酒，全搁在相玉跟前儿。

"皇上邀我喝酒，岂知他那酒难喝得很。"他笑了笑，嘴角全是稚气，"这是我藏的好酒，都给你拿来了。"

相玉看他许久，轻轻笑了笑，却是连心口一并跟着软了。

4

苏横拿来的酒，是从西域得来的葡萄酒，这东西虽软绵绵的没什么劲，细品却有让人痴醉的醇香。

苏横取来两只酒杯斟满，也不管相玉，兀自满饮一杯。

"自去年皇兄病故，大越根基不稳、百废待兴，他把这烂摊子甩给我，自个两眼一闭，倒是清净。"他笑笑，又道，"前朝也好，新朝也罢，我斡旋其中，连个安稳处都寻不到。"

相玉端着酒，眼睛却只盯着苏横看，她不知苏横为什么同她说这些。

她合该生怨，为着前朝，为着她自己。

然前朝那时百姓困厄，人心惶惶，后主纵情于声色犬马，不问朝政，只管拿和亲安定边境，胡用臣子之策治理国家。

相玉深知，那已是一个王朝落幕的光景，纵使不是苏氏篡国，也会是旁人。

"在想什么？"苏横发觉她不语，无趣地扔了酒杯，瞧瞧天上的满月，默不作声。

相玉瞧他的眸子，黑与白之间，有数不清的缥缈与寂然。

许久，他懒散地倚在长廊上，眼中失神，看不出是醒着还是醉着。

相玉抿了抿唇，状似无意道："王爷可知，前朝和庆公主？"

"和庆？"他低声念着，深深看她一眼，道，"自是知晓。"

相玉呼吸微滞，端看他醉眼模糊，应过一句便又合了眸子，仿若对她这话并不放在心上。

说起和庆公主，也不过是前朝深宫里的苦命人。

前朝元熙三年暮秋，山河动荡，羌胡屡犯边境。后主有意与羌胡王谈和，将皇室女子送到羌胡和亲，和庆便是这个时候被推出来的。生养她母亲早早没了命，空留她一人在深宫里艰难过活，若非她去羌胡，连个封号都不会得。后苏氏起兵，京都狼藉，和庆就此没了踪迹。

眼泪无声无息地掉进泛着香味的酒杯里，相玉仓皇回神，见苏横正盯着她看。

他看得那样仔细，仿若相玉在他眼里是个顶珍贵的人。

"哭什么？"他问。

她摇摇头，僵硬的手指将将松动，却有个温热的东西蹭着她眼下，将她的眼泪抹去了。

"莫哭了。"他道，"和庆是和庆，你与她不同。"

他似乎仍是醉着，不在意为何相玉无端提起来一个前朝公主，更不在意相玉究竟想知道什么。偏生这么无意的一句话，叫相玉放进了心里。

她打开心结，笑道："不过前尘往事，王爷说得对。"

"你恨吗？"

她不解："什么？"

他瞳眸深深，启唇复问："若你是和庆，你恨吗？"

电光石火之间，相玉觉得苏横仿佛知晓什么。

相玉不答，他便只是笑了笑。

半晌，他自怀中摸出一块画了图腾的物件来，递到她手里："收好。"

她不明所以，见苏横狠狠灌了一口酒，对她说："学骑马吧，我教你。"

5

京都秋风乍起，黄叶令天地都起了萧瑟之意。

苏横的马场特地为相玉空了出来，他还着意吩咐手下去选了匹温驯的马，给相玉使唤。她茫然得很，呆立在苏横身旁，手足无措。

苏横拣着要紧的嘱咐罢，便翻身上马，而后，朝相玉伸手道："来。"

不过是同乘一马，相玉只觉源源不断的热意占据四肢百骸，靠在苏横怀中的脊背，更是热得难以言喻。

苏横瞥见她红得一塌糊涂的脸颊，弯了弯嘴角。他手持缰绳，让她攥紧，蓦地收了笑："听着，下面我说的，逐字逐句，记清记牢。"

相玉敛神，将苏横所说的听得仔仔

细细。

绕着马场跑了数圈,相玉勉强能独自驭马,然而望向苏横时,发现他眼里总是藏着她看不懂的挣扎。

她沉思一瞬,问道:"王爷为何要我学会骑马?"

他神色微滞,良久方道:"世道艰难,总要有一技傍身才是。"

几日后,宫中传出皇帝伤风的消息。苏横去南明山请神医结尘进宫为皇帝治病,他思来想去,还是将相玉也带上了。

随从侍卫一概留守,他只对相玉道一句:"我将你带在身边,才放心些。"

一路倒也顺利,只是结尘大师于山中祈福,须得两日。

百无聊赖,苏横便带着她在山中闲逛。

许是共乘惯了,相玉面上瞧着心平气和,微微颤抖的睫毛却将她出卖了个干净。

山上宁静,相玉却觉得在这骤然萧索的秋里,多了几分肃杀的冷冽。

"这里有棵传闻中的神树,可要去瞧瞧?"

相玉无意于此,然见苏横颇为认真的模样,忍不住点头应了。

神树上头挂满红幡,随风吹起婆娑作响。

相玉双手合十,虔心祝祷,再回首时,她整个人便落进了苏横的眼里。

她便是这么看着苏横,就已看痴了。

"许了什么愿?"

"王爷有事瞒着我,是吗?"不知怎的,她本不愿说出口的话,竟这么轻飘飘地说了出来。她想笑自己痴、笑自己贪,不知何时竟将一个虚无缥缈的人放在了心里。

相玉问罢,却不欲得一个结果,只看着神树,木讷呓语:"王爷可知,和庆走的路,都是她自己选的。

"是非曲直,与别人无关。"

她不求结果,也的确寻不到结果,此话言毕,直至返程,也不见苏横有一丝一毫的反应。

相玉凄苦一笑,她以为苏横与她是熟识,只是她自己记不清了,却从未想过,苏横大抵是认错了人。

归时路似要比来时更寂静些,苏横觉出不对,甫一停了马,落在他后头的相玉一声疾呼落进他耳中。

相玉被突然射出来的箭矢吓了一跳,骑着的马受惊突发癫狂,她即将被掀翻在地时,一抹天青铺进了眼里。

"遂遂!"

她倒进一个温暖的胸膛里,脑袋嗡嗡作响。

——遂遂,是她的小字。

6

相玉做了个冗长的梦,梦里红墙黛瓦,似是前尘往事。

那是中秋夜宴,阖宫共乐的好日子。

她从寝殿里偷偷溜出来去观礼,奈何她刚病过,不过一会便累得气喘吁吁,连路都认不得了。转了大半晌,她瞧见个人。

身着青衫,脸也长得漂亮极了。

他说他叫苏横,随父亲来参加夜宴,却冲撞了贵人。

"我不是什么贵人,"她说,"叫我遂遂就是了,他们都这么叫我。"

画面逐渐变得模糊不清,她手里蓦地

多出来个东西，从苏横那得来的，是枚天青石的镯子，好看极了。

再起梦时，她又躺在了寝殿的床上，迷迷糊糊听宫人在说些什么。她热得难受，却还是听见宫人说，苏横不远千里寻来奉与皇上的奇药，却机缘巧合可疏解公主的病。

听到这，她想，她该去谢他的。

梦境光怪陆离片片地过，一晃便是她再不愿记得的那日，她穿着嫁衣、满头珠翠，宫城里却乱了，红艳艳的一片，比她唇上的胭脂还要艳上几分。

她跑去寻皇兄，他断断续续说了几句话，转眼便咽了气，身旁的宫监说要带她离开。和庆走了，空留了满心的哀恸。待她再次醒来，摸着后脑磕出来的血，她已记不起什么了。

她进了个戏法班子，名唤相玉。

相玉悠悠转醒，身子疼得厉害，一睁眼就看见了坐在她床榻旁守着的苏横。

许还是梦，否则她怎么在他眼里瞧见了她从未见过的心疼。

"我送你离开。"他大概不知道她已醒了，自言自语，"去哪儿都好，好好活着。"

相玉想问，他为何始终装作不认识她的模样，惹她日日提心吊胆。

她还未说出话，便见苏横倾身俯下，随即一点温热在她额间铺下又离开。

"是我对不起你。"他道，嗤笑一声，"我利用了你，我活该。"

"我不求你不怪，只想求你……"他如鲠在喉，"若再起烽火，我曝尸荒野的时候，可否托人为我寻得一处安息之地。"

"我不愿。"她哑声起时，苏横登时便怔在了那。

他轻轻抬起眼皮，看着眼神清明的相玉，踌躇道："什么？"

相玉只看着他被血浸透的衣衫，漠然道："你要送我到哪儿去？"未及苏横开口，她又道："当年皇兄死在我眼前，我虽恨他愚昧昏聩，可到底……"

一贯对她不闻不问的皇兄，却在最后自戕殉国，嘱咐宫监带她出宫。

她痴痴地流下眼泪来："我一个人倦了。"

仿佛经年以后，只有此刻，她漂泊不定的心才有了归依。

偏生此时，下人来报，说是皇上骤然病重，急召苏横入宫。

不过一刹，苏横匆匆回头看她。四目相对那一瞬，他眼里所有的深意，相玉全都懂了。

"我送你出京。"他说完，便要踏出房门。

相玉匆忙下床，伸手拉住他的衣袖，轻声道："我知晓你运筹帷幄，可你若死了，我不会给你收尸。"

她笑着凑在他唇边，吻了吻他的唇。

她的眼泪扑簌簌地落下来，末了只在他耳边留下一句——"也……别让我知晓。"

7

相玉依苏横吩咐金蝉脱壳离开王府之时，她才知晓——苏横一早便安排了个和她像极了的女子，直待这日才现身。

她天生聪慧，自然参透了这自她入京后的种种，不过是苏横给外人演的一出戏。

或许不止苏横一人，不过是伤风却要

求结尘大师医治、又陡然病危的皇上，不知在这戏里扮演什么角色。

三足鼎立之势于新朝百害而无一利，四王爷先前得尽风头却因母族之过被扯下太子之位，新帝出身不好遂一心起用寒门之子，可世族盘踞，又怎甘心被无端分权分利。两相拉锯，手握重兵、威望甚高的苏横便成了疏通淤塞的关键。

相玉离开京都这日，坐在马背上，遥遥回望城门，扯起嘴角笑了笑。

京都煌煌，却不知困了多少人在里头，从前是皇兄要她带着秘密活着，如今是苏横拼尽全力护她周全。

相玉一刻也不歇，靠着不精湛的马术，一路扬鞭奔向凉州城。

如此不眠不休，到第三日，京都内发生的大事如雷霆般席卷上下。

四王爷苏琮以皇上病重为由，矫诏结党，与世族联合，意图谋权篡位。

苏琮死去的当日，自前朝起便盘根错节的世家大族，终于分崩离析，朝野上下尘霾尽扫，皇城的天澄澈可鉴。

只是，没有关于苏横的只言片语。

相玉不知晓在这轩然大波中，苏横做了什么事、充当了什么人，他似乎被抹去了，抹得干干净净。

此刻大内或许是与当年如出一辙的血肉模糊，相玉不敢想，那传出的寥寥几语中，到底含了多少不足为外人道的事实。

她不敢停，匆匆歇过便再度翻身上马。

便是离凉州城不过百余里，她再往前行几个时辰便能到的时候，听到了苏横入了诏狱的消息。

依大越律法，入诏狱，等同死罪。几乎是立时，相玉便猜到了，自己的身份，到底成了压制苏横的一步棋。

只怕皇帝一早便知她的身份，至于王府里那个，是不是她又何妨。

直至此时此刻，她才真正明晰，苏横那日为何要同她说，来日烽火再起，求她寻一处安息之地。

可是没有烽火，风雨如晦，将他的名字渐渐打落成了皇城里的一粒尘灰。

胯下红鬃马轻轻打着响鼻，前后逡巡，不知是进还是退。再往前不远，便是凉州城。

相玉喉头痛极，脑中千回百转，最终落成的，全是苏横。

他那双深不可测的眼，还有她曾亲眼看过的那孤冷的背影。

她想起先前利箭破风而来，她被苏横以身护住，回望他的那一霎。

她清楚地瞧见他眼里那点微不足道的东西，在那肆无忌惮的谋杀之下，他瞒了许久的心思才初见端倪。

悲悯、怜惜，甚至还有些意外的安心。

其实，有些事，她一直不曾告诉过他。

譬如她在前朝并非凄苦，不过是父皇为护她，说给外人听的；譬如前朝飘摇、江山难安，和亲折子抵至后宫时，她是自请去羌胡和亲的。

"父皇，我幼时您对我说过，有些事，若觉得值，便是舍了性命去做也是无愧于自己的。"

"您驾崩之后，皇兄庸懦，我自请和亲，为的是一国安泰；如今我回去，是为了我心之所归。"

她按辔掉转马头，不禁流下眼泪。

"苏横，我去寻你，是想告诉你，那天神树下，我许的是什么愿。"

8

一路畅通无阻，相玉轻而易举地步入皇城。

这一切远比她想象的要简单多了。

她顺着曾走过的八十一级玉阶缓步而上，仿若回到那天，和亲仪仗披红挂彩，遥聚台下，她一步一步同自己的国家拜别，最后她什么都没了。

金殿之上，相玉见到了皇帝。

"我知晓传国玉玺在何处。"她开门见山，丝毫不避讳，"小女别无他求，只求皇上宽宥翊王。"

自苏氏谋国之事起，至其事毕，传国玉玺在何处只有相玉一人知晓，这也是皇兄临死之前，同她说的最后一件事。

殿内龙涎香气缭绕，在这冰凉的大殿中尤为清晰。

良久，皇帝沉沉一笑，道了句不清不楚的话："和庆公主，当真是步好棋。"

相玉轻轻吐出一口气，她已不想深究皇帝话中玄机，只想早些见到苏横。

诏狱内晦暗，血腥味让人喘不过来气。

最内的一处牢房内，她看见了苏横。他面色惨白，双眼紧闭，眉头却意外地平缓。

相玉走到他面前，轻轻唤他："苏横。"

他看起来全无生气，锦白的袍子上血迹斑斑，暗红的血痕上混着尘土，整个人已落魄得不成样子。

相玉伸手蹭去他脸上的血，止不住地念着他的名字。

苏横不知几次从梦里挣脱出来，睁开眼睛，一眼看见的却又是相玉。

"遂遂……"他睁了睁眼，缓了许久才出声，"别再来了……我怕我舍不得。"

看一眼她，便舍不得这条命了。

相玉见不得他这副样子，酸涩涌到鼻腔，她道："苏横，是我，我来找你了。"

苏横曾不止一次期待过，再见一次相玉，哪怕不日魂归九幽，再见一次也好。然而当她真切地出现在他眼前，他却是不可置信："你……你回来做什么？"

相玉认真地替他擦净脸上的污秽，许久，失力般地垂下手来，问道："到底发生了什么？"

皇宫大内，四处都潜藏着吃人的恶鬼，从前相玉以为，改朝换代便能将这恶鬼驱逐，岂知朝朝代代何其相似，翻来覆去，都是一样的。

那日苏横将相玉送出去，他甫一入宫，便得知苏琮于宫中排兵布阵，只等他踏入宫门，便将皇上病重之因借苏横请来结尘医病，以陷害皇上之名，归结到他的头上。

皇帝犹在病中，内宫皆在苏琮掌控之下，然苏横手握重兵，苏琮自知对峙无益，便一早差人将"相玉"抓在手中，意以此逼迫苏横。

只是这一切都是皇帝与苏横的计，苏横用相玉造了一个假象，利用苏琮的狼子野心，引蛇出洞。皇帝病重是假，神策军包围内宫是真。

苏横终于斩苏琮于刀下之时，迎来的却是"翊王苏横，拥兵自重，窝藏前朝细作，欺君罔上，即刻下入诏狱"之旨。

"世族盘踞令政策新法迟难推行，他有意起用寒门之子，却也不得不先将世族连根拔起，"苏横轻轻笑了笑，"我功高震主，如今四海皆平，我便没用了。"

相玉不解："可你到底……"

"遂遂，"苏横笑着揉了揉她的脑袋，缓声道，"新君接连被叔父、兄弟掣肘，国本难固，他合该杀了我。"

话及此，他叹了口气，看着相玉的眼，也越发怅然："你不该回来的，我不值你如此。"

他放在心上的，左不过四方安宁，还有一个她。

相玉只是这么看着他，看他的愧疚，看他藏在眼底的庆幸。

他对死这样云淡风轻，仿佛世事于他而言不值几何，浮名如此，生死亦如此。

皇帝说得不错，她确实是一步好棋。

四王爷拿她要挟苏横，苏横拿她平定朝野动荡，皇帝拿她巩固皇权。

苏横同她说，当日他班师回朝，碰巧于凉州城休整之时救下她，便是皇帝将她送到他面前的。

前朝覆灭后，苏横一直在寻她，寻觅多年无果，却不承想，皇帝竟先一步在凉州城找到了她。

也并非在意她，不过是因为，她手上的镯子，曾是苏横的心爱之物。

皇帝拿贪官污吏做了个局，明为刺史遇刺，实则是将她送到苏横面前。

后来那归程中突如其来的箭矢是苏琮的试探，这试探便是所有计策的开端。

相玉对这些纷繁复杂充耳不闻，她只是看着苏横，末了小心翼翼地靠进他的怀里。她自始至终，心心念念的，唯他一人。

"我不曾怨恨你半分，前朝也好，当下也罢。你硬要我离开京都时，我便想告诉你——你去哪，我就去哪。"

苏横不语，看她瘦削的脊背良久，慢慢红了眼眶。

9

传国玉玺现世之日，听说宫中红霞漫天，云中有金龙若隐若现。

不过彼时，相玉已坐上了和苏横去往凉州城的马车。

苏横护驾有功，皇帝念其劳苦功高，前尘不再追究。他归还兵权后，做了个闲散王爷。相玉好笑地看着苏横别扭的姿势，扯开他的衣裳，仔细上药。

她想起来什么似的，问道："其实并非你做不得主，你将自己也做成了计中一环，不过是为了将兵权还给皇帝。"

苏横微怔，而后淡淡"嗯"了一声。

他的好皇兄，临死前留了道免死金牌给他，只是，是是非非搅扰，他做完了该做的，也没什么值得他活着。

他看了看相玉——她走了，他便不盼着什么了。

"我还有事不曾告诉你。"她突然道。

"什么？"

相玉轻轻地靠在他身侧，而后窝进他的怀里。

"祈你春秋皆圆满，岁岁年年皆可安。"

"这就是我许的愿。"

他和她短暂地相遇，无奈地分离，两人怀揣着自己的心思甚至不曾坦白过，可这一生，也许就这样了。

悠悠数载，一期一会

✱ 凉顾

1

天色刚暗，戏园子门口便挂上了两个大红的灯笼，透过打开的大门，隐约能听见里头"咿咿呀呀"唱得正热闹。

徐一会提着裙摆急急忙忙跑了进去，今日已经迟了些，若是被管事的发现，这个月便又得扣钱。

今日园子里尤其热闹，除了以往那些个老主顾，倒多了几个新面孔，全是俊朗不凡的公子哥。运城里有名的几个有钱少爷徐一会都认得，这几个眼生的想来是从外地求学回来的。

徐一会最喜欢给这些有钱少爷上茶，他们出手阔绰，若是心情好也会给她些赏钱，也不会和那些油腻的中年商人一样，逮着机会便喜欢占人便宜。

可就算是再厌恶，也得笑脸盈盈鞍前马后地伺候着，这些人她一个都得罪不起。

到后堂的时候管事的已经等得快不耐烦了，徐一会来不及抹一把额头上的汗便急忙道歉道："对不起对不起，今天有事耽搁了。"

管事的把茶水往她手里一塞："还不赶紧去干活！要是把外面那些主顾得罪了，没人来听戏，这活你也不用干了！"

徐一会端着茶水刚出去，便瞧见坐在第二排那个胖子笑眯眯地盯着自己看。这家伙有点钱却没有富裕到名角给他脸子的地步，每回来总喜欢动手动脚。徐一会硬着头皮走过去，笑道："李爷又来了？"

那胖子色眯眯地一笑："小会，今天可来晚了。"

说着手便不安分地顺着托盘一把握住了徐一会的手，徐一会强忍着恶心笑着想不动声色地收回手，可不知今天这胖子吃错了什么药，握得极紧。

她的脸越笑越僵硬，正想着该如何脱身，后面突然伸出一只修长的手，把那胖子的指头一根根掰开来。

徐一会听见有人在自己耳边说话，带了几分酒气和迷糊："这不是方才台上唱戏的姑娘吗？"

她回头看，映入眼帘的是一张陌生的脸。他喝醉了，与他一同的人却笑盈盈地看热闹，没有要把他拽回去的意思。

她微微低着头："少爷认错人了，我只是个打杂的。"

那公子却不肯信，拽着她不撒手："我看着就是。"

拉拉扯扯间动静有些大，管事的急忙跑出来赔着笑询问。还没等徐一会开口，那人便抢先说道："今晚她就让我使唤了。"

管事的点头哈腰："苏二少爷要这个丫头使唤，那就让她站在旁边使唤。"

运城只有一个苏家，也只有一个苏二少爷，早年被苏老爷送出去求学，很少回来，名字叫什么来着？徐一会想了想，是叫苏明期。

他闹了一番后好似醉得更厉害，歪在椅子上打瞌睡，头从一侧滑了下来。徐一会连忙蹲下去用手给他垫着，就怕他被磕醒了。

没想到一垫便是几炷香的工夫，徐一会的手早已发麻，可看着苏明期睡得正香，却又有几分不忍打扰他，她叹了口气，就当报答他方才误打误撞的解围。

与苏明期同来的几个人好似已经尽兴，他们过来摇摇苏明期的脑袋："明期，醒醒，回去了。"

苏明期迷迷糊糊被他们搀扶着走，却像是突然想到什么一样顿住了，他摇摇晃晃走回来塞了个盒子在徐一会手里："曲唱得不错，这个送你了，我是苏明期，可要记住了。"

徐一会握在手里像拿了个烫手山芋，回家了才敢掏出来瞧瞧，是一串颗粒饱满、色泽分明的珍珠项链。

可就在这时，里间却突然传来几声咳嗽声。徐一会打了个寒战，将项链塞进兜里，急忙跑进去拍着林霆的背，着急地问道："怎么又咳起来了？"

林霆缓了缓，扯了一个极淡的笑容："没事的，还死不了。"

就这一句话就让徐一会红了眼眶，她看着床上虚弱的少年，大声说道："呸呸呸，不许提死这个字，我就只有你了，你死了我怎么办！"说着又放缓了声音，"你看，今天有个人特别大方，给了我一串上等的珍珠链子，明天我就去当了，给你买药。"

2

徐一会万万没想到在当铺会遇上苏明期。她与掌柜的因为几枚银圆争得面红耳赤，却听见身旁突然传来了一个惊讶的声音："明期，你快来瞧瞧，这串珍珠同你前些日子得的那串像不像？"

徐一会心里蓦然一跳，好像做了什么坏事被逮了现行一般。

她心里期盼着可不要这么巧，苏明期却从后面探过头来打破了她的幻想。他拎起珠子仔细看了看，徐一会心里虚得厉害，色厉内荏地大声说道："看什么看，没看过珍珠吗？"

苏明期被她吼得有些惊讶，良久，意味深长地看了她一眼："姑娘这串珍珠与我的那串的确有些像。"

身边的人适时地插了一句："可别是她偷了你的吧？"

苏明期没说话，徐一会心里"咯噔"一声，暗道不好，他昨晚喝得烂醉如泥，该不会是不记得将这东西给送人了吧？

徐一会有点着急，若是被当作小偷抓起来，林霆可怎么办。想到此，她硬着头皮分辩道："珍珠都长一个样子，你总不能看我的漂亮，便想诬陷我好据为己有。"

苏明期也不恼："那姑娘可有办法证明这是你的？"

徐一会摸了摸脖子，脑子里灵光一闪："你的珍珠项链有多少颗珍珠可还记得？"

"我记得。"苏明期嘴角的笑容越发耐人寻味，"是十三颗。"

"那你数数，我的有几颗。"

苏明期一颗一颗数，徐一会在一旁紧张地盯着看，就怕他耍赖。数完以后却只有十二颗，徐一会松了一口气："你瞧，只有十二颗，不是你的那条。"

苏明期盯着她看了一会儿，惹得徐一会头皮发麻，就在徐一会以为苏明期看穿了她的把戏的时候，他却突然大笑起来。

不由分说塞了一堆银票给徐一会："这串珠子我看着实在喜欢，你就卖给我吧？"

听着是商量，可珠子却已经被他收进了怀里。徐一会还没弄清楚苏明期葫芦里的药，他便已经准备走了，一只脚已经踏出了店门，却突然回过头来问道："你叫什么名字？"

徐一会反射性地回答："徐一会。"

苏明期若有所思地点点头："是个好名字，我是苏明期，你别忘了，若是有一日还想要这珠子，便可以来找我赎回去。"

苏明期比典当铺的老板厚道，给的银票足够给林霆买一个月的药，还余了一点，徐一会给自己买了一盒胭脂。自从林家败落后，徐一会便再也没买过女儿家的这些东西，可当时她也不知道怎么了，经过胭脂铺子就挪不动脚。

当掉珍珠后，徐一会便能稍微喘口气，不必从早到晚赶着去做事。一般这种时候，她就喜欢站在院子里唱曲。

她被林家买回去之前，一直都在戏班子里，她有天赋，若是一直唱下去，此刻说不定也能成个名角。

只是可惜，如今只能闲来自娱自乐。

徐一会心里想着事，心不在焉地哼着调子，蓦地却听见墙头有个男人和着她的调子唱了起来。

徐一会吓了一跳，回头一看，却对上了苏明期明亮的眼睛，他正趴在墙头看她。

他也很惊讶，笑道："原来是徐姑娘，好巧，又见面了。"

徐一会顺着气，嗔怒地瞪了苏明期一眼，哪家的少爷会和他一样，爬人墙头，还一副十分开心的模样。

苏明期问道:"徐姑娘刚才唱的可是《谢瑶环》?"

"是又怎样,不是又怎样。"徐一会没好气地道,"堂堂运城苏家二少爷,也偷听别人唱曲?"

苏明期似是终于想起来自己还趴在墙上,可脸上却没有一丝偷听被发现的窘迫。

他笑得爽朗:"这隔壁就是我父亲为我置办的院子,今日来看看,却不想听见有人在哼唱,忍不住就爬上来了。"

苏明期顿了顿,眸子里的笑意更深:"我爬上来是想告诉姑娘,你唱得真好听。"

3

徐一会是土生土长的运城姑娘,没上过女校,没留过洋,被苏明期这么不加修饰地称赞,顿时便有几分恼羞成怒。

她左右看了一圈,捡起一块石头作势要砸苏明期,那人却已经识时务地溜之大吉了,空气中只余他的笑声。

徐一会也没真生气,她在苏明期眼底看到的都是坦荡的欣赏。她愣在原地,自己都没有察觉到她在笑。

可这一幕却被林霆看在眼里。他没让徐一会看见,只是倚在门框上静静地看着她,一会儿又默默走回了房间里。

从那以后,徐一会便常常能遇上苏明期,他似乎没有接手苏家的生意,整日里和其他几个少爷在运城各个地方吃喝玩乐。

徐一会辗转在茶馆、戏园子干杂活,十次有八次能和他撞见,徐一会还记恨着他在墙头逗她的事,每次看见他,只当没看见。苏明期也没有富家少爷的架子,不仅不生气,多数时候还会帮徐一会一把。

那一日,茶馆另一个伙计告了假,徐一会为了多挣点钱,便连他的活一并干了,等到事情干完,已是华灯初上。

近年时局不稳,运城不太平,除了少数几个地方,大多数人都是早早收工回家,因此街上人影寥寥。

她一边想着到时候该怎么回家,一边推开最后一间包厢,里头的人听见声响回过头来,却是苏明期。

他手上拿着一个小酒杯,面颊有几分潮红,桌上干干净净,没什么好收拾的。

徐一会没想到他还在这里,一时间没有回过神来。苏明期捏捏鼻梁,拿起一旁的外套,很自然地招呼徐一会道:"走吧,回去。"

那一瞬间,徐一会在想,苏明期是在特意等自己吗?为什么呢?

这个念头一出来,也带动了徐一会内心深处的悸动,她吓了一跳,以至于都没有拒绝苏明期的邀请。

她缩在汽车后座,看上去如坐针毡。

苏明期闻闻自己身上的酒气,以为是熏着她了,便体贴地打开了一边的窗户。

徐一会忍不住看了他一眼,明白他的好意,不禁放松了一些。

良久,苏明期突然说道:"徐姑娘可有想过登台唱曲?"

徐一会神色一动,没答话。

苏明期接着说道:"我买了一个戏园子叫庆园,正好缺人。"

徐一会张了张嘴,复又闭上了。

"可我没有学过……"

"没学过也没关系……"

两人一同开口,见对方和自己想到一块儿去了,忍不住相视一笑。

过了一会儿,徐一会又补了一句:"待我再想想。"

徐一会不是个憋得住事的人,下车前,她到底问出了自己纠结了一整晚的问题。

苏明期一向坦荡,也不掩饰自己,直言他就是在等徐一会,可说到原因时,他却说,是因为徐一会很像他认识的一个人。

徐一会仔细看着他说这话时的神情,片刻后,脸色便冷了下去。

怎么说呢?她自嘲地想,原来自己是在自作多情。

4

徐一会以为,自己是让苏明期想起了他的白月光,所以他对自己多有照拂。

她这些年独自活着,辛辛苦苦给林霆赚药钱,从来没有自轻自贱过,她虽然出身不高,但也有自己的骨气。

苏明期给出的报酬很丰厚,可徐一会却打定主意不肯去了。

那一晚的答案不光是让徐一会明白了苏明期帮她的理由,更重要的是徐一会心底对答案的期盼提醒了她自己对苏明期的企图。但这种情感,是不应该出现的。

她想着自己被买进林家的原因,不留神把水倒了出来。客人大声呵斥了一声,她才缓过神来,急忙收拾。

客人没有过多留意她,自顾自地聊着之前的话题,他们在说苏明期。徐一会听到这个名字,手一顿,不自觉放慢了动作。

他们说,苏明期的母亲是个唱戏的,早早便死了,因此苏明期很不受家里大夫人的待见,很早便送他出去读书,眼不见心不烦。这一回,他与苏老爷打了个赌,若是他能够把戏园子经营好,便考虑让他参与家里的生意。

可是大夫人和他大哥却暗中打点,让他请不到人。今日戏园子头一回开园,怕是要闹笑话了。

几人说完,兀自吃自己的花生瓜子,徐一会内心却再也无法平静。

庆园门可罗雀,里头稀疏坐着几个人,看着却不像是来捧场的,更像是来看苏明期的笑话的。徐一会一进去便寻找苏明期,却看见他面色凝重,正在和身边的小厮交代事情。她思虑了一番,直接去了后台换行头。苏明期不知道徐一会来了,他听小厮报告说名角一个都请不来,正想着是不是找几个人撑一下场面。

可客人却不耐烦了,一个两个开始催促,苏明期没料到大夫人在他父亲眼皮底下也敢给他使绊子,脸色铁青。

然而现在的情况却由不得他生气。

苏明期想着先把这些人劝回去,别得罪了,可他们却不买账,就在两方僵持时,徐一会登台了。

她唱的还是《谢瑶环》,徐一会嗓子好,天生就是吃这碗饭的料。

在座不少人都是来找碴的,可如今也默默坐了下来,听她唱。

徐一会见场面稳住,也不由得松了口气,她极快地瞥了苏明期一眼,他正目不转睛地看着自己。

一曲唱完后，徐一会勉强下了台，刚转到后面，腿便一软。这是她第一次登台，这些年她没事也会练练基本功，平时在戏园子干活也会偷学，倒不至于荒废，可第一次还是会紧张。

旁边伸出一只手扶住徐一会，她不用看也知道是谁。

苏明期小声道："多谢徐姑娘。"

徐一会坐在椅子上，抽出自己的手，别扭地扭过头："报酬不能少的。"

"那是自然，徐姑娘可以放心。"

苏明期沉默了一会儿，又问道："徐姑娘似乎对我有不满？"

徐一会心里一跳，忍不住看着他，不知道是不是错觉，徐一会觉得苏明期的眼神十分温柔。徐一会想了想，开门见山道："不知道苏少爷可还记得那天晚上说了什么，我虽然不是什么富家小姐，但也有自己的骨气，是绝不可能做人替身的。"

苏明期皱眉想了一想，倏地笑出声来。

眼见徐一会就要暴走，他才解释道："我说的那个人，是我母亲，她是个很坚强的女人，唱曲也十分好听。"

徐一会面上一汕，那你不早说！她回想起来刚才自己义正词严的模样，只觉得丢脸，她强撑着挽尊道："那就好，我们之间是雇佣关系，你不要想些有的没的。"

苏明期觉得好笑，她这样子像是自己干了什么十恶不赦的事情一样，可心里这样想，嘴上却痛快地一口应下来。

当天晚上苏明期依旧送徐一会回家，徐一会心里郁结消散，也自在了许多。

下车时，苏明期问她："你明天还来吗？"

徐一会盯着他看了半晌才说道："来。"

5

苏明期离开后，徐一会又在门口站了一会儿，要进去时才发现林霆就在身后，也不知道站了多久。

他最近身体好了很多，可徐一会还是会担心。

她不知道林霆看到了多少，有些不敢直视他的眼睛，只能低着头扶着他。

少年虽然羸弱，却高了徐一会大半个头，他揉揉徐一会松软的头发，轻声道："会会开心就好了。"

徐一会诧异地抬头看他，他眸光清亮，徐一会突然就红了眼眶。

林家没有没落前，也是有几分家底的，林霆打小就身体弱，林家便买回了徐一会照顾他，虽然没有明说过，但徐一会心里知道，她与林霆长大后，多半是要成婚的。

如果不是林家生意失败，林霆父母先后过世，他们怕是早就已经是夫妻了。

可她现在喜欢上苏明期了，而林霆竟然是知道的，徐一会咬咬牙，什么都没说。

徐一会将其他的活一并推了，专心在庆园唱戏。苏明期请了老师教她，她有天赋有底子，是同期的人里学得最快的。

她不知道庆园的经营状况到底好不好，苏明期整日里吊儿郎当没正形，也看不出来，徐一会担心他，便比任何人都要努力地去帮他。

可她不知道的是，正是因为庆园经营得比某些人想象中好太多，才会招致祸端。

大夫人眼见一计不成，更是恼火，便诬陷苏明期与戏子有染。苏明期的母亲便是唱戏的，苏老爷十分喜欢她，可却始终没有得到过她的心，他虽没有因此迁怒于这个行业，却严禁儿子和戏子搅和在一起。

那日苏老爷和夫人气势汹汹地来庆园，直接关园半日，说是要查出那个人。

徐一会刚听到消息时不免也有些慌，但转念一想，她与苏明期之间什么都没有，便定下心来。可见大夫人一脸笃定，徐一会又忍不住暗自打量与自己站在一起的姑娘们，心里想着莫不是苏明期真的和谁之间有私情？

徐一会正暗自揣摩着，苏老爷却二话不说，一棍子打在苏明期背上，直打得他跌在地上。徐一会忍着没动，却掰断了自己一根指甲。

苏明期一手撑地，微微抬头，隐晦地和徐一会交换了一个眼神。

任凭苏老爷如何生气，苏明期都一个字没说，没有反驳也没有承认。徐一会暗骂他蠢，这种明摆着是陷阱的事，辩驳两句不就可以了？

到底是自己亲儿子，苏老爷也不忍下狠手，眼见苏明期不肯坦白，便逐个把徐一会等几个姑娘敲打了一番，警告她们不要动什么不该动的心思。说完便带上苏明期走了，他被打得直不起身，是被抬着走的。

徐一会回家后，心里记挂着苏明期的伤势，坐立不安。待林霆喝过药躺下后，徐一会便迫不及待地搬着梯子去爬墙。

她现在住的是林家仅剩的宅子，当初也不知道隔壁是苏家名下的，现在倒是方便了她。

徐一会蹑手蹑脚地把梯子藏起来，专挑有光的地方走。苏明期手下没几个下人，偌大的房子静得吓人。她细心辨认声音，终于找到了苏明期的房间，一个男人从屋里退了出来，边关门边交代他记得喝药。

男人走后，徐一会悄悄趴在门上听动静，却半晌没听到，她心急如焚，不留神就把门给推开了。徐一会见左右无人，索性就走了进去。苏明期面朝里趴在床上，旁边的凳子上放着一碗药。

"不都说了让本少爷自己待会儿，怎么又进来了。"

徐一会端起药，搬过凳子坐在旁边，没吭声。

苏明期见没人应声，扭过头来看，徐一会正端着碗轻轻帮他吹着。

"你……"你怎么进来的？来干什么？苏明期有好多话想问，可最后却只是扯过被子盖住自己，他不这样徐一会也看不见他身上的淤青，如今一扯，倒更像是欲盖弥彰。

他别扭地咽下徐一会吹凉的汤药，说道："我没事。"

徐一会冷着脸没理他，等他喝完药，才说道："今天这顿打你挨得冤枉，苏老爷问你是不是对戏子有情，你说没有就是了，何必为了怄气跟自己父亲对着干，到头来便宜了别人。"

苏明期调笑道："徐姑娘是为苏某鸣不平吗？"

徐一会狠狠瞪了他一眼，她爬墙进来看望他，他居然还调笑自己。

苏明期见好就收，也不敢真的惹怒了

姑娘，他收起笑容，认真道："我不是怄气，我不反驳，是因为我父亲说得没错。"

徐一会与他对视，什么没错？他对唱戏的姑娘有情？徐一会心里百味杂陈，既怕自己自作多情，又有些甩不开的顾虑。

两人僵持了一会儿，气氛有些尴尬。徐一会手忙脚乱地站起来，就要告辞。苏明期拽着她的袖子，劲不大，却拽停了徐一会。他说："会会，给我唱几句吧？"

6

徐一会回去时出了点意外，她手一滑，梯子从墙头滑了下去，她便被搁在墙头上，下不得。正在她想着要不就直接跳下去时，林霆突然出现，帮她把梯子扶好了。

徐一会支支吾吾，不知道该怎么解释她大半夜不睡觉，出来爬墙。可林霆竟也没有追问。

"会会。"林霆突然打断了徐一会的思路，"这么多年我们相依为命，就像兄妹一样，以后也是一样。"

徐一会下意识问道："兄妹？"

林霆伸出手摸摸她的头，却没有再说话。

不可否认的是，林霆的话多少让徐一会心里的顾忌消散了一些。她以前总觉得林家对自己有恩，她不能背叛林霆，所以在她意识到自己喜欢上苏明期以后，内心是有负罪感的，但如今，这种愧疚的情感正在弱化。

在那之后，她与苏明期之间是有过一段开心的日子的。

苏明期最爱给她勾脸，他聚精会神地盯着她，总是会让徐一会脸红，好在是有粉遮着，他也看不出来。有一回徐一会实在无法忍受和他对视，头一偏，苏明期便画错了，整个妆面都得重新来。

徐一会很恼火，苏明期便又上赶着给她清洗。可那张清秀的脸庞从自己手下露出美丽的样子，苏明期没忍住，便轻啄了一下。

那是这辈子，徐一会与苏明期之间唯一的一次亲吻，如同蜻蜓点水一般，却乱了两个人的心扉。

当时外头正在打仗，运城偏远才幸免于难，可几个月后，该来的终究是来了。先是有大量流民涌入了运城，再然后就是军队。来的听说是某个大军阀下的军团长，他占领运城后的第一件事，便是为难商会。

徐一会不知道这些，因此当军团长以她曲唱得不好为由将苏明期带走时，她还以为是自己的错。整整三天，苏明期音讯全无，她去苏家打听消息，却被毫不留情地赶了出来。不得已，徐一会只得去求见了军团长。

徐一会心里只想着把苏明期救出来，完全顾不得此行究竟有多危险。军团长见她一个小姑娘胆识过人，也来了兴趣，便命人把苏明期带了出来。他看上去有些憔悴，但衣衫整洁，没有受皮外伤。两人连话都没说上，苏明期便又被带进去了。

徐一会说，她愿意给军团长唱戏，唱到他满意为止，只要他能放了苏明期。她唱了一整天，直到嗓子再也发不出声来，傍晚时分军团长才松口放人。

苏明期打小便过着养尊处优的日子，

那时大夫人不喜欢他，也不敢明目张胆地做什么，后来出去留学，更是潇洒，何曾有过这种束手无策的时候，他心疼徐一会的嗓子，但更多的是觉得自己无能。乱世到来，才知道他这种富家公子，也不过是任人宰割的一员。

军团长抓苏明期，本意也是想逼苏老爷就范，目的没达到，自然不可能真的放过他。第二日，他便带着兵把庆园给围了，说是要听戏。

苏明期强压下自己的愤怒，拒绝道："军团长还能不知道现在是什么世道，谁还有心思唱戏。"

"昨天，你身边这个小姑娘就唱得挺好的。"

他明知道徐一会嗓子哑了，这是找碴。苏明期忍不住要和他理论，徐一会拉了他一把，微微摇头。她找来纸笔，写道：今日身体不适，还请军团长包涵。

军团长淡淡瞥了一眼，没表态。这就是非要她唱不可了。

徐一会张了张嘴，嗓子涩得厉害，完全发不出声。庆园的人被苏明期放回去避难了，如今偌大的园子连可以倒杯茶的人都没有。徐一会第五次尝试开口，这时林霆从后台端着一杯茶出现了。

她皱着眉头见他走来，心里又急又怕，她竟然不知道林霆是什么时候来庆园的。好在军团长只当他是小厮，没有过多在意。

徐一会喝了几口茶，勉强能说出话来，只是声音嘶哑难听，就像指甲划过铁皮，十分刺耳。苏明期很心疼，可如今的他们就是砧板上的鱼肉，只能忍下这口气。

军团长也不在乎徐一会是否能唱好，他此行就是为了给苏明期、给苏家一个下马威。林霆站在军团长身后，端着一个托盘，时不时要为他添水。他身体一直不好，最近才稍微好些，却不能久站。徐一会深知这一点，因此看着他摇摇欲坠的身体，总是担心他会倒下，就唱得更急了一些，难听得让军团长时时皱眉，可他还是没有要走的意思。

终于，林霆晃了几下，手中的托盘没拿稳，茶水从军团长头上倒了下去。军团长大怒，当即就要把林霆拉出去杀了。

徐一会吓得脸色发白。苏明期知道林霆对于徐一会的重要性，此时不得不妥协。

"军团长手下留情，就是一个下人。"

军团长冷哼："苏少爷为了一个下人，要和我作对吗？"

苏明期忍气吞声，低下头道："只要军团长放过他，我会回去劝说家父配合。"

军团长得到想要的承诺，心里满意，但为了警告苏明期不要动歪心思，依旧把林霆拖出去打了一顿。

徐一会听着枪把打在皮肉上的声音，早已泪流满面，只是嗓子出不了声。

军团长走后，徐一会立刻便挣脱了苏明期的怀抱。林霆被丢在外面，后背血肉模糊，徐一会捂着嘴，在距离他一米的地方徘徊，连上前探他鼻息的勇气都没有。

林霆虚弱地"嘤咛"，徐一会面上一喜，赶忙蹲下去。

"你怎么样？你……你再忍忍，我这就去叫人。"她回头看苏明期，"明期，你帮我看着他，我很快就回来。"

苏明期以前调查过徐一会，对林霆与她之间尴尬的关系也有所了解，只是不知道两人会在这种情况下碰面。林霆是因为他遭受了无妄之灾。

苏明期愧疚道："抱歉。"

林霆张了张嘴，声音微弱，苏明期不得不趴在地上听他说话。

他说："对会会好一点。"

7

苏明期回家后，便被苏老爷关在宅子里。他只能央人给徐一会送钱，救林霆的命。运城商会的人达成了一致，用钱换命，他们争不过这些兵痞，只能妥协。苏老爷用大半的家当换一家人安然无恙地离开运城。

苏明期心急如焚，却一点办法都没有，直到要启程的前一天，他才被允许回宅子里收拾一点东西。他趁着下人不注意，翻进了徐一会的院子。

屋里没有林霆，徐一会靠在桌子上，双目无神，失魂落魄。苏明期不敢去想那个最坏的结果。

"会会，抱歉，我来迟了……"

徐一会看见他，眼眶瞬间便红了，可两人却相对无言。苏明期时间不多，他让徐一会和他一起走，明天码头见面。军团长不会盯着她，她和他分开登船，一定可以顺利离开。

徐一会接过他的船票，却没有直接答应，反而从脖子里掏出一根用红绳系好的珍珠，这是苏明期酒醉后在戏园子里送她的，她出于私心，留了一颗。

苏明期神色一动，从兜里掏出那剩下的12颗。徐一会笑了："原来你都记得。"

"13这个数字不好，这一颗我就不还给你了。"

苏明期沉默了一会儿，不知道徐一会是什么意思，他恳切道："会会，你明天会来吧？你明天一定要来！"

苏明期最后还是要回到苏家，他对时局无能为力，也许离开后，他也会从军，到时候才有保护家人的力量。可他没有等到要保护的那个人。苏明期不想走，苏老爷强硬地要求下人把他绑上了船。

那时徐一会在医馆，看着林霆咽了气。她自己愿意为苏明期冒险是她的事，可万不该拖累林霆，这种情况下让她丢下林霆独自离开，她做不到。可如今，林霆还是走了。死之前还在告诉她，让她和苏明期好好的，不要因为他断送了自己的一生。

徐一会枯坐了片刻，才捂着脸悲戚地哭出声来，她一直很坚强，可他们普通人生在这个时代，要保住自己珍视的东西，太难。她最后还想着去送苏明期一程，看着他平安离开，却碰上军队和学生的冲突。推搡间，她脖子上的红绳被拽断，那一颗珍珠也不知所终。

开船的那一刻，苏明期还在船上疯狂寻找徐一会的身影，这时手中的珍珠项链断裂开，他愣愣地看着珍珠四散滚落，终于接受了徐一会没来的事实。

他和她短暂地相遇，无奈地分离，两人怀揣着自己的心思甚至不曾坦白过，可这一生，也许就这样了。

情劫

※ 冷亦蓝

她没法告诉他，她用了这一生来渡一次劫难，她用尽这一生，才把他从心上放下。

转过身，便是再不相见。

1

近日点心铺的生意渐渐有了几分起色，瑶佳便想多招个学徒帮忙，这边刚刚写了告示贴在铺前，便有人来应征。她开门将来人迎进来，对方不过是个十七八岁的少年，自称庆陵，是个孤儿，想谋个生计讨碗饭吃。庆陵生得唇红齿白，一双乌溜溜的眼眸顾盼生姿，她轻笑一下，就给对方让了座。

他一双眼睛紧紧地盯着她，道："虽是学徒，我也是不甘人下的。我要几样点心，你这店里若都能料理得出，我便任你使唤。"

多孩子气的话语。

她仍是笑："你说便是。"

"第一样，我要玫瑰什锦糕。"

她随手拿了来，放在他面前。

"第二样，我要莲子红糖羹。"

她也依言照做。

"第三样，我要椒盐七窍玲珑心。"

话音刚落，少年便如猛虎般朝她扑来，一双修长白皙的手化作钢铁般的巨钳朝她胸口落下。

瑶佳脸上的笑容未有半点变化，看似纤细的她徒手接住了少年的一双巨钳，二人相持片刻，瑶佳开始运气用力，忽地自丹田吼出一声，便生生将那少年的巨钳掰了下来。

"把你的心给我！"少年仍是不甘，双臂仍在流血，却丝毫不肯倒退一步，死死地瞪着她。

她将巨钳扔在地上，拍了拍手，挑衅似的看他："有本事来取啊。"

少年恼怒不已，又朝她冲过去，不出意

料地被她几下打在地上，后背被她一脚踩住，动弹不得。

"刚修成人形的小妖也敢来我这里撒野？"她揪起他的头发，扬手给他几巴掌，"奶还没断就学起人家吃起人心来了？信不信我把你做成点心卖出去？"

少年敌不过她，嘴上却不肯放松："成王败寇！要杀要剐，老子若是眨一下眼睛，就枉修成人形！"

庆陵脾气倔强，嘴又硬，瑶佳拾掇他到三更半夜，也未能从他口中听到一个"服"字。想这小妖也是吃软不吃硬，她便起了逗弄的心思，把他好好安置在床榻上，一手摩挲他白皙的脸颊，柔声细语道："姐姐我今年双十年华，尚未婚配，我看你这妖儿模样俊俏，不如从了我，做我的夫君，此后我这点心铺也是你的，可好？"

少年脸涨得通红，连连摇头："不要不要！我修炼百年才得人形，才不要跟你这母夜叉捉妖师！"

瑶佳笑嘻嘻地把他的头扳过来："乖，跟姐姐亲一下，从今往后你就是姐姐的人了，来——"

庆陵死命抵抗，哪里是她对手？

他的唇被她蜻蜓点水似的轻轻地沾了一下，他先是一愣，不久便放声大哭起来："混蛋捉妖师！母夜叉！母大虫！你污我清白！我……我告你师父去！"

瑶佳笑得乐不可支，叉着腰道："我师父已经羽化登仙，是煜南山主石锋！你那么本事，就上山找他去呀！只怕你没爬到半山腰就被天火烧成灰烬了！"

庆陵听了，哭得愈发厉害起来。

瑶佳懒得理他，便回房睡下了。

这晚，她梦见了师父。

2

师父门下弟子不少，个个都是为着修炼成仙这一条路来的，唯有瑶佳，她拜在石真人门下那天，师父问她为何而来，她只回他两个字：为财。

降妖除魔，替人消灾，收取钱财。她不觉得有什么羞耻和不该的，修炼之人毕竟还没到不食人间烟火那一步，一天是人，就要吃一天的饭，吃饭总是要钱，捉妖师也一样。有钱人就多付一些，穷苦人家，两个窝窝头也不嫌弃。可能是因她说了实话，师父竟然也收下她做了弟子。

五年后她学成下山，临行前，师父将一只卷轴送给了她。后来她每每打开来看，卷轴上都空无一字，泡水火烧后也仍是空白，便将其丢在一边，继续做她的捉妖师。后来她得知师父终于登仙，门下的师兄姐们每日修炼更加勤奋起来了。

唉，那与她有什么关系呢。

其实做捉妖师也蛮累的，她的武器是一团缚妖索，将妖魔鬼怪层层绑起来之后收入鼻烟壶内，之后是教训一番放生还是灭其道行，就看瑶佳的心情了。如此东奔西跑做了几年她也厌了，就在这集市里开了一家点心铺，偶尔也做点收妖的生意，算是玩玩，也算补贴家用。

没想到有这么一只法力低微不长眼睛的小妖自己送上门来。

她欺负够了那不成器的小妖，当晚就

梦见师父抛弃了仙根做了凡人，怀里抱着一只猫咪，神情是她从未见过的自在逍遥。梦里的师父，只是淡淡笑着抚摸着猫儿的皮毛，什么都没有对她说。

如此一梦到天亮，她一醒来就闻见了饭香，起床到厅堂里一看，正赶上庆陵将一盘红烧鱼放在桌上。一夜的工夫，他的双手已经复原，见她盯着自己，脸一红，好像耗子见猫似的躲进了后厨。

桌上分明摆着两副筷子，和两碗香喷喷的米饭。

她只听过田螺成精会化作美貌女子为主人做饭洗衣，却不想昨天自己送上门来的这只小妖竟也有如此本事？

她偷偷看了一眼厨房，取出怀中的银针，每盘菜都验了一回，再看看银针仍是鲜亮如初，刚刚松口气打算动筷，抬头却看见面前阴云密布的庆陵。

"怕我在菜里下毒？那就不要吃好了！"少年怒气冲冲地将两盘菜狠狠地摔在地上，鲜绿的菜肴洒了满地。他又抄起刚刚做好的红烧鱼，要摔，想了想，似乎又有点舍不得，于是就这么在手里尴尬地捧着。

瑶佳忙接过他手里的红烧鱼，拎起尾巴就咬了一口："我吃完你再摔也不迟！"

见她吃得满脸都是汤汁，庆陵忍不住"扑哧"笑了一下，又记起自己还在生气，忙换上一张阴沉的脸孔来。

这小妖的手艺不赖。瑶佳吃饱了，上下打量着坐在对面的少年。庆陵一直低着头，被她这样看了一会，他转身又躲进厨房去了。

庆陵做事很是麻利，点心铺收工后他又张罗好晚饭，桌上只有一副碗筷，他人却不知哪里去了。

瑶佳慢条斯理地吃罢晚饭，庆陵也回来了，一句话不说地躲进自己房间，重重关上房门。

第二天，他在她面前怏怏地扒着饭，一脸忧郁怎能躲得过她的眼睛。瑶佳施施然地吃饱了，瞧着庆陵随时能劈出雷来的乌云脸，道："把这些收拾了，今天闭店。"

庆陵愣了愣："为何闭店？"

瑶佳看着他笑："那你呢？又为何想要一颗七窍玲珑心？"

3

张员外家的千金病入膏肓已一月有余，任郎中来瞧也看不出半点病症端倪。张大小姐每日只是昏睡不醒，身子日渐憔悴，恹恹只剩一口气，马上就不成了。

瑶佳自称懂得几分医术，张员外虽没对她抱期待，却也死马当活马医将她迎进门。他看了跟随的庆陵一眼，没说什么，也一起迎了进去。

张小姐躺在闺房之中，双目紧闭，气若游丝，皮肤苍白得像一张纸。庆陵见了这般光景又在一边偷偷地抹眼泪，瑶佳忍不住低声呵斥他一句："哭什么哭？人还没死呢。"

这小妖思凡了。庆陵虽然已经修成人形，但功力修为都浅得很，内丹初成，稚嫩脆弱。一般精怪要修炼个三五百年才能成人形，可他只花了一百年光景，想来也是跟这位张大小姐有关。他救美心切，顾不得根基浅薄，冒着大风险渡劫成功，没被天劫劈死，真是他福大命大。

正因为根基浅薄，他才需要七窍玲珑心充实强大，有了法力，便可以救这张小姐一命了。何等天真幼稚……

瑶佳装作一副师父模样，似要考验庆陵似的问道："徒儿，你可知张大小姐此病，症结在哪儿？"

庆陵便认真地四下打量，想了想："小姐身体并无外伤，内无隐疾，定不是寻常凡间疾病，我觉得……"他鼻子嗅了嗅，"是被什么妖魔盯上了。"

瑶佳微笑颔首："果然聪明。可你知道是何妖魔？"

他为难地摇头。

瑶佳起身，一边在张小姐的发中寻觅一边道："世上有种虫，名为'锦梦'，它最善织造梦境，投其所好，令人在美梦中欲罢不能，更辨不清现实与梦境，久而久之，留恋梦境而不肯醒来，这虫慢慢吸食光人的精气，人也就气竭而亡……"

她拨开张小姐的发丝，在天灵盖的位置，头皮上栖息着一只粉红色的蠕虫。蠕虫身体不大，但口器十分发达，深深地扎入头皮之下，一动一动地，有银白色的液体自口器吸食入腹。

庆陵见状，伸手就要拔出那虫，被瑶佳狠狠地拍在手背上："不要妄动！你弄死这虫的肉身，张小姐就必死无疑了！"

他连忙缩手，一边的张员外"扑通"一声跪倒在地："求仙姑救我女儿一命！老夫膝下无子，四十岁才有此女，只要仙姑保我爱女无恙，老夫愿倾家荡产为报！"

瑶佳笑了笑："价值几何我也不知，我去给你问问。"

说着，她伸手拉住庆陵，两人化作两道白光，飞入了张小姐的身体里。

光怪陆离的一阵斑斓过后，眼前是如画中一般的锦绣景象，一对男女坐在水畔，那女子，不是张小姐是谁？

她羞涩浅笑，倚靠在男子肩膀："李郎，你待我这般好，当真让我无以为报。"

那男子轻轻揽住了她的腰肢，柔声道："我要你在这里陪我一生一世作为回报，可好？"

两个人含情脉脉地望着对方，脸越发靠近了，最终吻在一处。

这番景象看得庆陵红了脸，慌忙捂住眼睛转过身。瑶佳不禁笑着打趣他："小妖扮什么青涩？前天你不也被我……"

庆陵忙跺脚喊道："闭嘴闭嘴闭嘴！"

这声响惊扰了那两人，张小姐吓得躲在男子身后，男子厉声问道："来者何人？"

不等瑶佳说话，庆陵便对张小姐大喊道："小姐千万不要被他骗了！他只是一条虫子！这不过是你的梦境，若不快点醒来，你就要死了！"

张小姐吓得更甚："李郎，快杀了他们两个！"

庆陵气得就要打上去，却被瑶佳抓住了手腕，两个人从后面的树林里逃走了。跑了没多久，树林就到了尽头，走到前面一看，竟然还是那片琉璃似的水畔。

瑶佳撇撇嘴，道："这虫的法力也不怎样嘛，这么小，也就只能骗得那不谙世事的小女孩。"

脚下忽然有沉闷的声音回答道："这么大，足够了。"

4

说话的是瑶佳脚下踩着的一块石头。石头纹理自动变化成眼口图案，脸像一位老翁般，它瓮声瓮气道："丫头，我承认自己法力不如你，但那又怎样？张小姐自己不肯醒来，任你们怎样也是徒劳，纵然杀了我，张小姐也一样要死。"

她用脚踩踩它："做笔交易吧。你想要什么？"

石头似乎是笑了："我只想增进修为早日成妖。"说着，他看了一眼她身边的庆陵，"我还没有内丹，我要这妖的内丹为我所用，那样，我也可以修成人形了。"

瑶佳看了一眼庆陵，只见庆陵面带难色，问道："若是我失了内丹，会怎样？"

她回答："打回原形。你原来是什么，就还是什么。而且从今往后，你将再也修不成第二颗内丹来，你将永远是一只寻常的畜生，到了大限之日便死，再做不了人。"

庆陵满脸犹豫，双手紧紧地绞着衣服，一言不发。

见他不肯，瑶佳又踩了踩脚下的顽石："你这样未免太强人所难。同样是妖，难道你不知内丹的重要？换一样容易办到的吧。"

石头似是思索了一会："那我要促进修为的仙草，祛凡草。"

她连连摇头："开什么玩笑？那东西只有仙界才有，我不过是会点法术的凡人，怎么去得了？"

"那就凡心草吧，不能再低了。这东西凡间也是能弄到的，只是我不方便拿。你给我十棵，我就离开张小姐，再不找她的麻烦。"

"十棵？你不如去抢！"瑶佳踩得那石头都要碎了。

如此讨价还价了一阵子，最终以五棵凡心草作为代价成交。

瑶佳和庆陵从张小姐梦中出来，瑶佳跟张员外要了二百两银子，出门转身去药店花三十个铜板买了五棵甘草，放在约定地点之后，张家传来喜讯：张小姐醒了。

据说张小姐醒来就哭得梨花带雨痛不欲生，张口闭口喊着李郎，这昏睡病是好了，可相思病算是落下了。

从张家回来，瑶佳发觉庆陵闷闷不乐，问其缘由，他微微扁着嘴，有点埋怨似的看她一眼，说道："你不是捉妖师，你是奸商。"

她不由得好笑起来："我哪里奸了？"

"明明只是三十铜板的甘草而已，你却要了人家二百两银子。"

"我进入梦境不也耗费了法力？我讨价还价不费了口舌？那妖怪多厉害你也看到了……呃，它多顽固你也看到了……"

"你太坏了！石真人怎能有你这样贪财的弟子！"庆陵愤愤道，"我真是瞎了眼，竟然会认你是我的……"

话说到一半，他便不吭声了，只背过身去生闷气。

瑶佳笑了，话锋一转，问道："小妖，那虫说要你内丹的时候，你为何不答应？"

静默。

大概静默了一炷香的时间，瑶佳以为他不会说了，正打算起身回房睡觉，庆陵忽然开口道："当我还是畜生的时候，是张小姐救了我。"

她便坐下来继续听："哦。"

"张员外是个很凶的人，我差点被他捉去泡酒，幸亏张小姐不小心打烂了瓮罐，我才得以逃脱。当听说张小姐有难时，我觉得自己必须去报答她，便勉强化为人形，奈何法力不够，没法救她……"

他絮絮叨叨地说了这些前尘往事，终于说道："谢谢你救了她。"

她微笑了一下，伸了个懒腰就要回去休息。

身后传来庆陵的低语："我并非吝惜自己的内丹，只是……我已经许了你……就不能失去这人形……"

她愣了一下："你许了我什么？"

又是一段寂静，不多时，她发觉庆陵肩膀开始起伏，忙伸手按住："庆陵，你怎么了？"

"坏蛋！"庆陵转过头，是满脸的泪水，他朝她大喊，"我就知道！你对我不是认真的！混蛋！你这个玩弄妖心的母夜叉！"

说着，少年就这么哭着跑回了自己的卧房，留下瑶佳一个人哭笑不得。

第二天，瑶佳拿着银子去东郊一家陋舍，将钱塞给了头上戴白花的寡妇。张员外富甲一方却为富不仁，他一个月前强抢了他们镇上的房子，寡妇丈夫气得病死，只留下这年轻的寡妇独自守在小屋里。

"用这些钱做嫁妆，寻个好人家吧。"瑶佳茶水也不喝就要走，刚转过身，正看见庆陵慌慌张张地躲在一棵大槐树后面。

5

瑶佳毕竟是捉妖多年的老江湖，若说她一点也不懂庆陵的心思那是假的。他每天都小媳妇似的细心为她料理家务，打点店铺尽心竭力，她独处冥思时，他总在暗处偷偷瞧她，而当她睁开眼和他视线撞个正着时，他马上涨红了脸，仓皇地撤回目光逃到厨房去了。

他难不成是把她的逗弄当了真，真的以她的夫君自居起来了？

她真真觉得自己那日做错了，如此欺骗一个天真无邪小妖的心，于情于理，心里都十分过不去。于是她便找机会和他谈话，要把当日的戏言同他解释一番。可每每说到关键时刻他又落泪，嘤嘤哭着指责她负心忘情，每次都抛下一句话：

"我不管！我被你亲了就是你的人了！"

真是解释不清了。她就只等过阵子这小妖对世间多些历练成长再跟他谈，只是没等到那天，便有不速之客来找她了。

来人名叫丁铛，当年拜师时是她的师姐，为人冷傲，同门学艺那些年没跟她说过几句话。而她来找瑶佳的第一句话就是："当年师父传给你的东西呢？交出来。"

瑶佳觉得真是好笑，看着气势汹汹的来人，道："师姐，我不明白你的意思。"

"别说你不知道师父断了仙根成了凡人。他成了凡人，仙班就空出了一个位置，顺理成章由他的嫡系弟子继承。我们都没有从他那里得到什么，唯有你下山时带有师父的宝物。你不想成仙，不如把东西交出来为我所用。"丁铠一副理所当然的样子。

她哭笑不得："我成不成仙也不能把师父的东西随便送人。师姐请回，我不送了。"

丁铠也知自己说不出什么道理来，二话不说就动起手。丁铠学艺多年，又努力精修，实力远远在她之上，几招过后瑶佳就落了下风，被狠狠修理一顿后，被对方踩在脚下逼迫道："若不想吃苦头的话，就把东西交出来！"

"放开她！"一道黑影冲向丁铠，不用想也知道，是买了菜回家的庆陵到了。

"别管我，走！你不是她对手！"瑶佳忙喊道，可那少年恶狠狠地瞪着丁铠，眼中怒火中烧。

她在心中道一声糟。

"不许你踩我娘子！"果然，单纯的小妖发怒了，双手化作巨钳就朝叮当攻来。

结果自然不出意外地被掰断了钳子，而庆陵却又令她意外地自身后摆出一条尾巴来，狠狠地蜇在了丁铠的屁股上。

丁铠气得就要将他碎尸万段，瑶佳连忙跑过去护住庆陵："师姐勿恼，他是我新收的小徒弟，少不更事，你不要跟他一般见识。"

说着她将卷轴扔给对方："这东西你要，拿去便是，我不稀罕。"

丁铠看着庆陵冷笑一声："我当你心中只有钱财，原来是舍不下儿女私情才成不得仙。呵，师父当年怎么就看走了眼将宝物传给你？"丁铠笑着将卷轴摊开，脸色骤变，"这怎么——"

一句话来不及说完，她整个人都被卷轴中忽然跃起的黑色巨龙吞噬入腹。那黑龙将她吞下之后，转过头，骨碌碌大眼瞪着瑶佳，一阵烟雾罩住黑龙，待烟雾消散，那东西已经化作一只九尾红狐。

瑶佳忙用缚妖索将红狐捆住，可那狐狸却好像一阵烟似的轻松从套索里跳出来，转瞬间便到了她的面前，眯起眼睛看着她，口吐人言："多年前你打开卷轴没看见我，你可知道为何现在能看到了？"

瑶佳瞪大了双眼，回答不出。

红狐抬起右爪，指了指她左边胸膛："因为你的心，动了。"

下一刻，红狐的爪子已经深深插入她的胸口，麻利地掏出一颗心来。

瑶佳瞪着眼睛，身子僵直地倒了下去。

"娘子！"耳边是那小妖带着哭腔的呼喊。

哭什么呢。她想伸出手摸摸他的头，想说不哭不哭人终有一死，男子汉大丈夫总是这么爱哭成何体统，你这么软弱，我可不要你做夫君了啊……

身体半点也动不得，再回神时，自己已经飘浮在离地三尺之上，低下头正看见庆陵抱着自己的身体大哭着。

却听见那红狐开口说道："小妖，这颗人心对我而言并不是那么重要的，若你肯用自己的内丹助我修炼，我便将心还给她。"

"可是她已经死了！"庆陵瞪着对方，双眼通红。

红狐哈哈大笑："一炷香的时间内放回去可保她不死。我的厉害你也见识到了，我们妖类向来言出必行，只要你将内丹给我，我会让你看到她活过来。"

不要！庆陵，别信它！瑶佳用尽力气大声呼喊，可庆陵却只是看着她的尸身，温柔地用手在她脸上拂过之后，声音坚定地说道："好。"

6

她在他怀里醒来，他脸色苍白，连嘴唇都没有一点血色，见她醒了，他笑得虚弱得如同一阵雾气："它果然没有骗我，你真的，真的……"

她眼中含着泪："庆陵，你真是个傻瓜。"庆陵紧紧握着她的手："我想和你在一起，可恐怕，以后再也不能了……我不在了，你再找别人做夫君吧，我不会知道的……"

瑶佳笑得满脸是泪："傻瓜，我是一心向道的捉妖师，怎么会有夫君呢？我骗你的，之前说要你做我夫君的事情，是骗你的。"庆陵也笑起来："我知道的啊，我知道你不喜欢我，只是逗弄我而已，可我就是……那现在，哪怕是骗我也好，你能不能说……说一句……你……"

他的瞳孔骤然收缩，烟雾从他脚下开始蔓延，手已经变得冰凉。

瑶佳嘶哑着喉咙说道："我，我喜欢你，我一直喜欢你的。只是我不敢承认，我心里其实不想做什么自在逍遥的捉妖师，我只想跟你在这里开这家点心铺，让你做我

的夫君，我们两个，生下许多许多的小妖怪……"

烟雾彻底吞没了庆陵，他的身体消失不见，烟雾终结在她掌心之中，再没有庆陵，只有一只小小的赤色蝎子。

蝎子逃似的跳下她的手，瑶佳伸手过去："我想跟你在一起……一生一世……"

蝎子"嘶"地转身，尾针毫不犹豫地刺入她的手背，在她疼痛的间隙里，它早已逃窜得无影无踪。它就只是一只寻常的蝎子，再不会回来了。

瑶佳枯坐原地，手背上肿了一个透明的大包，九尾红狐蹲坐在她身边。

不知过了多久，只听得她慨然长叹一声："世间情爱总如烟花，就算当时再轰轰烈烈，一颗真心也有冷却的一天，终如镜花水月般，空梦一场。"

红狐道："你是真人座下唯一有希望登仙的弟子。"

瑶佳苦笑："可我并不十分想成仙。"

红狐笑了："所以我说，你最有希望。"

她知道，这卷轴中所载着的，是劫。劫若能熬过去，渡劫之人便可成仙；若熬不过去，则打回凡人，交还一身修为法力。

"凡人便凡人，我回去经营我的点心铺，也自在逍遥。"瑶佳看着手背的伤口，嗤笑一声道。

"你现在已无退路了。"红狐忽地化作烟雾消失了，再看她手背的伤口处，不知何时已经有了一朵赤色火焰的文身。

她知道，她的劫，很长很长。长到直到这文身消失的那天，她才能从这场劫难中解脱出来。

而那时，是登仙还是重回凡人，也由不得她做主。人在江湖身不由己，世间之事，有多少是自己能够做得了主的呢？

她知道红狐只是实体化的劫难，它并不会真的伤害庆陵取他内丹，但它斩断了庆陵和她的渊源，再没有联系牵绊，她和他，可能再也无法相见。

就这样，很多很多年。

直到那天。

7

瑶佳这天云游到一处小村落，村口的佛堂供果总被偷吃，村民们设下陷阱，果然捉到一只成了人形的小妖。那妖龇牙咧嘴凶恶非常，村民正不知如何处置时，瑶佳来了。

村民将小妖交予她处置，她放了他，他露出两只尖尖的犬齿凶她。

"下次不要再偷供果了。"她教训他，苦口婆心。

那小妖忽然变化，一双手化作巨钳便朝她胸口戳来："把你的心给我！"

她安然地坐在原地，只是看着他。

血光四溅，小妖吓得呆在原地，巨钳又化作双手，他看着满是鲜血的手，喃喃道："你为何不躲开？"

为何不躲开？

情之一劫，惹不过，躲不开，分别这么久才知道，你在我心中那么重，你在我心中住了那么久。那么，这颗心就算给了你又如何？

我不过只想做一个普通的凡人罢了。

这劫熬不熬得过，我已然不在意了。

成不得仙，我不在意，做不得人，我不在意。经过那么久的时光我才明白，我要的，并不是想和你在一起，而是让我亲眼看见，你仍鲜活。

一如我初见你的模样。

庆陵哭着抱起她："老奶奶你不要死……我不是成心的……我只是吓唬你的……你法力高强怎么能躲不过呢，怎么能呢……"

他是妖，仍青春如昨，而她经历了这么久的时光，早已垂垂老矣。

她笑了，用手轻轻摩挲过他的脸庞："以后……不要再做坏事了……"

他连连点头，而她手背上的火焰图案终于淡下去，消失不见。

脱去肉体，她站在自己的尸身旁，身畔光芒万丈。庆陵忍不住用手遮住眼，愣了一阵，看着重获青春的她："老奶奶……你成仙了？"

她微微点头。

她没法告诉他，她用了这一生来渡一次劫难，她用尽这一生，才把他从心上放下。

转过身，便是再不相见。

她腾云驾雾飞上仙界，凡间繁华，再也入不得她眼。仙山之巅，只有她一人绝世独立，逍遥无限。

她拥有了更高的景色和更长久的视野，只是偶尔静下来的时候，会想起他。

她终于明白，世间情爱有的如烟火，转瞬即逝不留痕迹；也有的，如同山涧细流，看似不起眼，却涓涓百年。

伸手按手背的旧伤，仍是微微地疼。

若我们以光速前行

人活着还有机会东山再起,
　　人死了,
　　　就什么都没了。

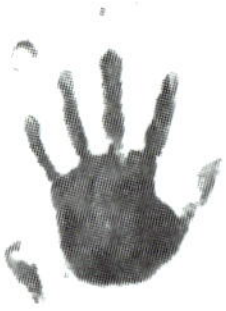

人活着还有机会东山再起，人死了，就什么都没了。

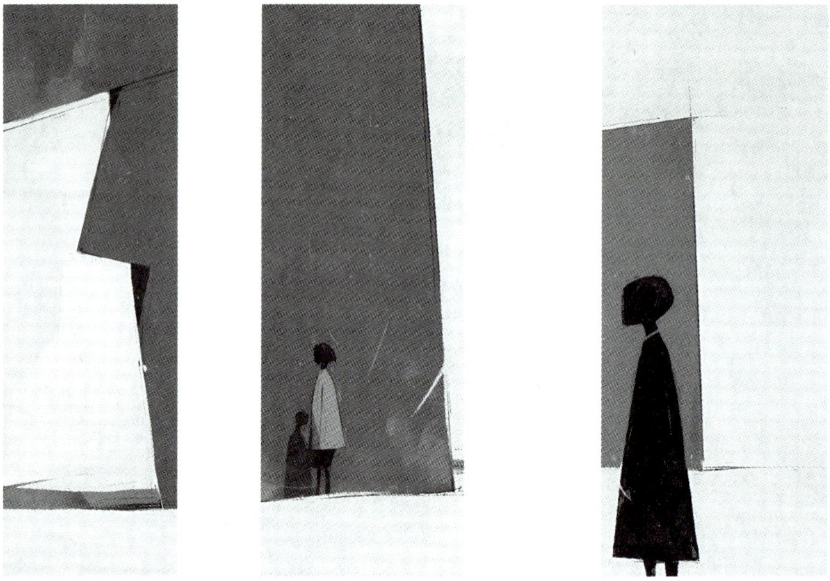

谁杀死了银行大堂经理

✽凌肆然

1

意外发生在平平无奇的一天。

我正在办公室悠闲地喝着奶茶，突然接到一个电话，那头传来一个让我震惊无比的消息：“你卖给我们的大堂经理，自爆了！”

我一个激灵，差点被奶茶里的珍珠呛到，捂着胸口咳得死去活来：“你再说一遍？”

打电话的那个人我很熟悉，刘明，中心街道兴发银行的客服部负责人。我们平时相处得不错，他做主采购了不少我们公司的产品，我也私底下给他了不少回扣。

但现在，他的语气可谓十分不友好：“还说什么？我工作了十几年就没见过这种事！她就在大堂里突然爆开了。工作人员和顾客都受了惊，现在记者全堵在门口。我告诉你，这事儿不会就这么算了，上面追问下来，你们公司得给出说法和赔偿，把这些危险物品全部收回去……"

他还在喋喋不休些什么，我却已经神游天外。

自爆？怎么可能呢？

他所说的"大堂经理"，是我们公司研发出的最受欢迎的服务型机器人——P970型，研发过程中通过了各种极端环境下的抗压实验，安全系数达到了史无前例的最高。

迄今为止，这款机器人已经在全球范围内销售出了10万台，从未听说过有自爆的情况，连故障都很少有，新闻上说："这款产品预计可以取代无数重复低端的人类劳动力。"

但如果真如他所说……

舆论的力量是可怕的，而产品质量问题更是每个公司的生命线。换言之，这件事情如果处理不好，P970型的前途就完蛋了。

而刚刚升任P970型亚太区销售总监的我，也完蛋了。

事不宜迟，我得立刻赶去兴发银行，看能否在事情扩大化之前把它压下来！

我急匆匆地出了门，往中心街道赶去。

2

兴发银行被围得水泄不通，我狼狈地推开了好几个记者的摄像机和话筒。入口处站满了保安，从人墙后伸出一只手，利索地把我拉了进去。

是刘明。

"你总算来了。"他脸色苍白，满头是汗，"我们停业了，警察来过了，还好没人受伤，整体损失和影响不大，他们暂时把此次事件定性为机器故障。"

"但上面还在查……如果真是你们的问题，后果你知道的。"

我打断了他的话："我先看看现场。"

P970的遗骸静静地躺在地上。它被设计成了姣好柔美的女性形象，身材火辣，样貌清纯，身穿一步裙和高跟鞋。

它能与顾客进行全方位的互动交流，协助顾客办理各式复杂的手续，乍看上去，和普通的人类没有什么区别。

但意外发生后，一切就泾渭分明了——它的头颅四分五裂，眼珠子一颗掉在旁边，一颗镶在天花板上；人造皮肤呈焦黑碎片状散落四周；脑子里五颜六色的电线暴露在空气中，蓝黑色的黏液淌了一地。

我叹了口气，拨通了公司的电话，请售后处理部和技术部的人过来。

电话拨完后，我拍了拍刘明的肩膀："事发时的监控，导出来给我一份？"

"我跟你一起看吧。"他烦躁地揉了揉头发，"我还得给领导汇报呢。"

我们坐在监控室里，目不转睛地看着事发时的录像。

意外发生在上午10点24分，大堂里人不算很多，P970正温顺地矗立在自助服务机旁边，等待为下一位顾客送上服务。

然而，没有任何预兆，"砰"的一声，

它就以迅雷不及掩耳之势炸开了，现场状况惨不忍睹，和一个活生生的人死在面前也没什么两样。

"你看，事情很一目了然吧？就是你们公司产品的问题……"

与此同时，技术部的报告也传到了我的手机里。技术部门表示，根据对残骸的检验，这台P970的质量毫无问题，在事发时，也没有任何故障产生。

也就是说，这很有可能不是意外。

我一边让公司那边继续去查最近竞争对手的动向，一边跟刘明说："之前的监控也给我看看。"

他眯起眼睛："你什么意思？"

我说："我怀疑这不是意外……是有人在背后操控。放个小型爆炸器什么的，很简单。"

"我们银行进门都有安检仪，炸弹这样的危险物品根本进不来。再说了，现场也没有发现什么爆炸器……"

"也许是用什么特殊的方式带进来的，之后又被一起炸毁了。"我说，"除非确认是机器本身的问题，不然公司不会轻易赔偿。看看监控而已，对你们也没什么损失吧？"

他瞪了我一眼，不情不愿地拖了拖进度条："看吧。"

看了几个小时，还真被我挑出来了几个可疑人物。

我指指屏幕上穿着风衣的中年女人："这是谁？"

刘明说："一个客户，老公很有钱，在我们行有一些存款和理财业务。怎么了？"

"她路过大堂经理的时候，刻意多绕了两步路远离它，很嫌恶的样子；而且，我没看错的话，她狠狠地瞪了机器人一眼。"

刘明沉思了一会儿："这个客户的老公吧，是个暴发户，总是色眯眯的。虽然他来我们行的次数不多，但每次来都会找这个大堂经理……咳，聊聊，也就是占点便宜罢了，因为它是机器人，所以我们也就睁只眼闭只眼了。"

"有一次，他还偷偷来问我们，这个机器人是哪里订购的，说自己也想买一个放在家里……我们打哈哈打过去了，后来这事儿不知道为啥被这个女客户知道了，还来我们这里闹了两回。"

我用食指叩了叩屏幕："我猜，作为重要客户，你们一定有她家的地址吧？"

"你想干吗？"

"只是上门问问情况。"我说，"放心，不会影响你们银行形象的。"

3

穿着风衣的中年女人叫唐晓珺，住在一处豪华小区之中。

我去拜访她的时候，她刚送走前一位客人，西装革履的男人与我擦肩而过。

我谨慎地做了自我介绍，没有隐瞒真实身份，只是说作为机器人公司的负责人来处理后续，需要通过当天在场的客户了解一下情况。

唐晓珺态度冷淡，但还是让我进屋里坐了坐。客厅一片凌乱，在豪华的装修下显得格格不入，角落里堆满了纸箱子，上面零散地放着一些生活用品。

"我看到新闻报道了，但什么情况我真的不清楚。那个机器人……不好说，我觉得银行弄这么个东西在那里也是不怀好意，现在出事了，刚好就别用了吧，看得人心里怪瘆得慌。"

她只字不提自己老公和机器人之间曾经发生的逸事。

"您能不能再仔细回忆一下，今天去银行的时候，有没有发生过什么不同寻常的事情？"

"不同寻常的事？没有啊，一切都挺正常的。我今天赶时间，直接去的人工柜台，也没排队，柜员很快就把手续处理好了，我就走了。出门的时候还不小心被进来的外卖小哥撞了一下，总之真的挺匆忙的，我压根没注意大堂里发生了什么。"

"好的,谢谢。"我礼貌地点头然后告别。

回到银行，刘明问我："怎么样？"

"不是她。"

"你怎么知道？"

"她要离婚了。"在门前与我擦肩而过的男人，手里的文件袋上显示着某家律师事务所的标志；角落里遍布的箱子和生活用品，都说明她即将离开这个家；包括今天她来银行办事，应该也是为了离婚分割财产所提前做的准备吧。

刘明询问了今天接待她的柜员，果不其然："还真是，她准备离婚了，两口子正在就离婚协议进行协商呢。"

"所以不会是她。谁会在这个关头做这么麻烦又于自己不利的事？争这一口气能得到什么，争财产才是正经事。"我喝了一口水，"继续看监控吧。"

很快，我就锁定了第二个嫌疑人。

"这个人是谁？"我指了指屏幕上衣着邋遢、双目无光的中年男人。

刘明的眼神蓦地严肃起来："这个人啊……你别说，我觉得他也有点问题。"

"展开讲讲。"

"他之前是做餐饮生意的，日子比上不足比下有余吧，也算是衣食无忧有点小钱的中产阶级了。一年前，他想开分店，来我们这儿抵押财产借贷，结果亏得一塌糊涂，本金全没了不说，原来的一套商铺两套房子也都被我们银行收回了。他现在呢，就是光脚的不怕穿鞋的，隔三岔五就来我们银行闹一回……"

刘明叹了口气："当时给他办抵押手续的，就是你们公司的机器人。"

我仔细地观察了画面上的中年男子，他的行为十分怪异……我一拍桌子，站了起来："不好，他要寻死！"

4

幸好，我们赶去得够快，惨剧还未来得及酿成。

在狭窄阴暗的出租房里，救护车拉走了吞下 200 片安眠药的男人，我和刘明也一起去了医院。

坐在病房外，刘明问我："你怎么知道他会想不开？"

"你说了，他之前经常过来闹，但这次他不吵不闹，也不找任何人，而是就坐在大堂中间的椅子上，一动不动。我在监控中看到，他带了一个非常大的保温杯，又从兜里掏出来一个小瓶子……我猜，那里面应该装的就是安眠药吧，他准备死在这里，彰显自己对银行最后的愤怒和抗议。"

"可是，他最后为什么没有这么做呢？"

"你们行的清洁工走过去，跟他说了一句话，说完后没多久，他就站起来走了。"我说，"但，也只是换了个地方寻死而已。"

"哎呀，没注意看时间，都这么晚了，你饿不饿，我们先出去吃个饭？"刘明站起身来问我。

"我不饿。"我摇摇头，"等他醒了，我跟他说两句话再走。"

中年男人醒来后，似乎也有些后怕，他面无血色，低头看着手上的针孔。

"人活着还有机会东山再起，人死了，就什么都没了。"我说。

他怔怔地应和："是，是啊……"

又安慰了他几句，在床边放下临时买来的果篮，我问："能问您一个问题吗？"

"啊，你说……"

"您本来应该准备在银行里吃药的吧，后来为什么没有这么做呢？"

中年男人苦笑着看向天花板："因为，银行的清洁工跟我说，我坐的那个地方头顶的中央空调坏掉了，会很冷，她建议我坐到另一边去，会比较暖和……没有想到，在快要死的时候，还有人关心我冷不冷。最后我改变了主意，也是……也是为了报答她的这份善意吧。"

我颔首："我知道了。那您好好休息。"

线索再次终止。我和刘明坐在监控前继续看着录像，人在压力特别大的时候是感觉不到困的，我直到现在都还精神抖擞；意外的是，刘明似乎也丝毫不觉得疲倦。

"我说，你是不是真的想多了？就是机器人自爆了吧？"

"这个年轻人，你认识吗？"我指着画面上穿着衬衫西裤的年轻男子。他鬼鬼祟祟地在大堂里转了一圈，东张西望，脚步飘浮，但他并没有取号，也没有做任何实质性的事情。

"哦，这个啊，这是同一条街上另一家银行的员工，他有时候会假装是客人来这儿转转，打探下我们有什么新活动啥的。其实谁不知道他的真实身份啊，我们也就是不拆穿罢了。"

竞争对手？那倒是真有制造意外的可能。

第三个嫌疑人了。杀死 P970 型的"凶手"……

会是他吗？

5

第二天一大早，我在同一条街的另一家银行见到了监控里的年轻人，他胸前的工牌上写着"章辰"。

听说了我的来意，他很爽快地接待了我，大概是觉得银行里不好对话，他邀请我去旁边的咖啡店坐坐。

"现在是上班时间，你出来没关系吗？"

"没关系,被同事听到不太好。"

"那天你去兴发银行,是因为什么呢?是工作原因吗?"

"呃……不是。"

"是不方便说吗?"表面上这么问,其实我已经做好了无论如何都要撬开他的嘴的准备。谁知章辰揉揉头发,面上竟然浮现出一抹红晕:"是为了一个人。"

我有点摸不着头脑了:"一个人?"

"哎呀,是这样的……我之前不是没事就去兴发转转嘛,看到柜台里有个女孩子很好看,有一次就忍不住找她要了联系方式。后来,聊啊聊,就,就谈上恋爱了嘛……但我们刚确定关系没多久,我女朋友她脸皮薄,不愿意这么快就对外公开,我们也就没告诉身边的人。那天我实在是想她了,就去那边看了看,这不犯法吧?"

"可是那天你并没有去柜台啊。"

"我女朋友胆子小,说她主管很凶,被看到不好。但那天也挺奇怪的,前一天晚上她明明说她主管第二天不值班,谁知道他没有按排班表来。我那天一进去就看到他了,女朋友拼命冲我使眼色要我走,没办法,我只能晃荡了一下就离开了。至于你一开始跟我说的机器人爆炸事件,我可没看到,但我们行也有的嘛,今天就说了,一定要严格检查……哎,你说,这什么事儿?我女朋友私底下都跟我说,她们行原本预计再采购一批,机器人这么能干,没准哪一天我们就都被取代了呢!"

"你知道她的主管叫什么吗?"

"姓刘,名字两个字,具体叫啥我也记不清了。"

他将手中的咖啡一饮而尽。

6

"怎么样,究竟谁是凶手?"我和刘明坐在银行大堂里,这里还没有正式恢复营业,只有零星的来来往往的工作人员。

"还不能完全确定,但我想,事情已经有眉目了。"

"哦?"刘明瞬间来了精神,"你说说,究竟是谁?"

"在此之前,我有一个问题要问你。"我转过身,注视着面前的男人,"你为什么对这起意外这么感兴趣呢?"

"我当然要对自己的工作负责……"

"没错,但是按理说,你回去等结果就可以了,无论是意外还是人为,都和你没有太大关系。你却和我一起生生熬了几天,为什么?"

"……"

"你不想回答,也没有关系。"

"别扯那么多了,凶手究竟是那三个人里的谁?"

我摇摇头:"都不是。"

"那你怎么好像一副知道真相的样子?"

"那三个人都不是凶手。但是在和他们的对话中,我却知道了一些重要信息。将这些信息和现场的一些异样情况拼凑在一起,真相就呼之欲出了。"

"现场的异样情况?是什么?"

"从一开始,这件事就给我一种很奇怪的感觉,但我说不清是什么。后来我终于想通了，现场存在两个解释不清的疑点。第一，从爆炸前到爆炸后，都没有人见过可能引起爆炸的可疑物品；第二，现场居然没有一个人受伤。"

"明明'大堂经理'爆炸后波及的范围不小，但就在那个时间段，它的附近居然一个人都没有，这只是巧合吗？"

"这两个问题，我原本百思不得其解；但与三个嫌疑人聊过后，一切迎刃而解了。

唐晓珺说，她出门的时候被外卖员撞了一下。

但据我所知，银行内厅是不允许外卖员进入的，更别提是上午上班时间，没有哪个职员会罔顾纪律；那天上午客流量也很正常，大家基本都在一刻钟内办完事离开了，应该也没有哪个顾客，会在这一刻钟之内点外卖吧？"

"而吞了安眠药的中年小老板说，他坐在大堂中央的时候，清洁工过来告诉他，头顶的中央空调坏掉了，让他坐到另一边去；但我查了，你们行的中央空调根本就没坏。"

"除此之外，另一家银行的章辰告诉我，那天本来不该你值班，但是你却来了，为什么？"

"别急着解释，我先给你讲一个故事吧。这个故事的主人公有银行职员、清洁工和外卖员，他们准备集体谋杀银行的'大堂经理'，一个机器人。于是，外卖员假借外卖送来小型爆炸器，成功躲避了安检；清洁工疏散了爆炸范围内的人群，并在事故发生之后立刻清扫掉爆炸器的遗骸；而银行职员负责整件事的策划和调度。至于动机，我想也很简单。P970型机器人的市场占有率与日俱增，目前社会上已有一半的外卖员、快递员、清洁工、客服人员被它取代，你们银行也计划再采购一批，届时，不知道又会有多少人失业。而这件事情一出，人们开始怀疑机器人的安全性能，恐怕不少采购计划都要搁置。它砸了你们的饭碗，你们炸烂了它的头颅，这是不是很公平？"

刘明突然发出了一阵古怪的笑声。

"很精彩的故事。"

"只不过……你怎么知道故事的主人公只有三个人呢？"

我悚然一惊："你的意思是……"

他定定地看着我，不发一语。突然，无数道冷漠的视线像尖锐的针一样落在我的身上。我环视四周，发现大堂里的每个员工都停下了手上正在做的事情，静静地看向这边。

良久，刘明才问："你会怎么写事故报告？"

"我会写，由于产品品控原因，P970型产品不慎发生自爆。没有必要因为一个假人，害了那么多真人的前程，你说对吧？"

"哥们儿，你真不愧是最新款，推理预测能力一流，想象力也一流。"刘明再度大笑起来，"只不过，编个故事，你自己可别当真了！"

我看着他的脸，附和地笑着，然后慢慢站起身，倒着往门的方向走去，假装没有看见他脸上一闪而逝的凶狠，和刚从口袋里拿出、紧紧捏在手里的纽扣炸弹。

若我们以光速前行

追风的男人

✱ 酒二七

据说，我妈死的时候，身体上锁骨处出现了一个黑色文身，看起来像是男人的半身图。脸型、身材都清晰可见。可过了几天，这个文身竟然消失得无影无踪了。外公外婆说是小鬼索命的标记，我爸认为这正是现场有其他人的证据。警方多次尸检却查不出任何端倪，只能以意外死亡结案。

当时我年纪小，没有亲眼看到这个痕迹，但是，妈妈去世的这场暴风雨却将我永远笼罩其中。每当雨夜来临，我忍不住想，那个男人模样的文身，到底是什么？

①

气压低得人喘不过气来，天空被分成两半，阳光和乌云尖锐地交锋。风越来越剧烈了，我全程咬着牙，紧紧并着腿，在风中铆足了劲儿往前开。

政府发布了台风红色预警，路上一个人都没有。我的摩托车开到85迈，一会儿和风对拉，一会儿又被风送了一程。

我第一次觉得自己可能会死在这个雨天里。

我有点后悔——凌云飞要送死，那就让他去好了，我为什么也要来陪他送死？

他给我发消息，他说这是他最后一次追风。他以后再也不会追了，问我会不会原谅他。

我怎么原谅啊，二十年来我失去的不仅仅是妈妈，还有爸爸。

二十年前妈死之后，我爸也不管我了。他就知道拿着奇奇怪怪的仪器去追一场场暴风雨。他不知道我吃饱穿暖了吗，不知道我上几年级，也不知道我为什么不和他说话。

想到他那张毫无波澜的脸，我心里又腾起一股怨气，加大了马力，我一定要让他和我当面说清楚。

没想到一分神，车撞到树干上了。

幸好我身体素质好，反应快，撞树之前下意识地拉了刹车，我滚到草地里，不至于人车俱毁。

我取下头盔，抱着树，怕自己被风吹走。

我给凌云飞打电话："我在你身后大概二十公里的地方。"

十五分钟后，一辆破越野车出现了。一个脏兮兮的男人走下来，把我迅速地塞进车的后座，然后重重关上车门。

他坐在副驾驶和司机说："快，加快速度，它转向了，我们往西偏北四十五度的地方去，要快！"

司机说："听不懂，你说地名！"

男人又指着风暴雷达图："祥芝，往祥芝去。只能赌一把了，我们在那里等它的台风眼。"

他吩咐完，眯着眼看窗外黑蒙蒙的天，又看看我："你跑来捣什么乱？你不知道追风时每分钟都很宝贵吗？我在和台风赛跑，因为你慢了二十分钟，要追不上它了！"

"你看看，什么都没有你的台风重要！台风比吃饭重要，比我上学重要，因为追风，你管过我这个女儿几天？凌云飞，我刚刚差点没命了好吗？"

"那还不是你自己要来的？好端端的不执勤，来这里抽什么风？平时你上班不是很忙吗？"

我一口气堵在胸口，感觉自己是一个迅速升温爆炸的高压锅，非要把这辆车炸飞不可。

凌云飞一边拨弄着气象仪和手机里的气象图，一边还想回嘴。

此时司机适时插话了："好啦大哥，小丫头。今天咱们都在这个车上，就不吵了，能吵架说明你们感情还好着呢。像我那个儿子，只晓得找我要钱。说出来不怕你们笑话，我生不了小孩，没婆娘愿意同我过，我抱了一个男孩来养，养大了没多少出息，养不熟似的，这不，想娶媳妇，要我给十万……我种地哪能种十万哩……"

我咕咚咕咚喝了口水，忍受着越来越强的颠簸。

"对了，算对了，风越来越强了，我们赌对了。"凌云飞笑道，"老天垂怜。"

一块石头飞起来，刮着车顶过去，擦出一阵刺耳的声响。

司机大叫一声："老哥，这太危险了，不能再往前开了。"

"只有十二级，我这车能扛，去！我追过百多场台风，还不是好好的吗？"

"我没有追过，这太吓人了，广播让所有人员撤离海岸。俺的脸就是之前台风天撞伤的,你看看,多大个疤!不去,不去了!"

"不去你就下车吧!"凌云飞严肃起来,"这趟我多给你两万,你追上台风。你半路下车,这里荒郊野岭的,能去哪儿?"

凌云飞平时对陌生人都挺客气的,难得对这个本地司机发火。

他揉乱了头发,从包里掏出一捆钱,扔在司机腿上。

"另外一万回去再给你。后面坐的是我女儿,当警察的,我劝你别动歪心思。"

确实,荒郊野岭,台风天,司机杀了我们再抢钱逃走也是有可能的。

司机把钱塞进裤子口袋,从镜子里看了我一眼,似乎有点怕了:"我开,我开!今天我绝对给你追上那台风。"

福建沿海的村民,对台风都很熟悉,遇到超强台风时,家破人亡也不少见。像老五这样在台风里受过伤的人很多。

凌云飞继续监测着台风,一直指路。很久以前他在大学里教气象探测。那时我还小,听我妈说爸爸工作忙,但爸爸很厉害,这么年轻就能带博士生,让我以后也读博士。我点头说好。

爸爸的形象多么光辉,常出现在电视上,客人们来我家,都尊称爸爸是凌教授。可我妈走后,他辞去教职,把我送到乡下和外公外婆住,他全身心投入一场又一场无尽的暴风雨中。

他用模型预测暴风雨,然后开车去追,就为了录下或拍下暴风雨的视频,偶尔送给高校,偶尔寄给杂志社。其实根本不值几个钱,他连自己都养不活,更别说照顾我。

我恨他,他为了麻痹自己,把自己扔进暴风雨里,以此来忘记爱人去世的痛苦。可我怎么办,我被他隔绝在暴风雨外,他根本没有想过,才七岁的我要怎么活过这些年。

看看,凌云飞头发乱得像鸡窝,脸常年被阳光和雨水摧残,眼尾像被深深甩出的锚,拖不动浑浊的大船。

他的门牙在某次台风里摔断了,也不去修补,成为一个可笑的漏风口,使他整个人看起来更像乞丐了。

• ② •

轻视自然的人,很快就会被自然教训。凌云飞估计的12级台风,把树木吹飞了,剥建筑物的屋顶就像是剥橘子皮那么轻巧。

我们的越野车开始寸步难行。

窗外的景象越来越让人恐慌,仿佛是末日电影里才出现的场景。

我妈出事的那一晚,也是类似的台风天。我放学回到家,妈妈教我锁紧门窗,还用胶带把窗玻璃四角都粘起来。她把从食堂带的包子热给我,然后给爸爸打电话。

窗外的风呼呼作响,她和爸爸说,西4号玉米地的棚坏了,要去支一下。不知道爸爸回了什么话,总之妈妈一个人出门了。

妈妈是农学院的老师,她和学生们花了很多心血在地里。如果被一场暴风雨毁了，就得从头来过。

妈妈锁紧了门，我坐在客厅写作业，一晚上不敢关灯，也不敢睡觉。台风把教职工宿舍晃得像一棵小树，这边也靠不了，那边也靠不到，只能扎着地面对抗摇摆。

大雨捶打着窗和墙，呼啸声叫了一整夜。

第二天，爸爸和妈妈都没有回来，又过了几天，外婆告诉我，妈妈因为台风去世了，要我去和妈妈告别。

也许这就是宿命，爸爸给我发了消息，他说他要追最后一次风。

我心里涌起了不祥的预感，就像二十年前，我在窗边死盯着妈妈撑伞远去一样。我换班，查好了台风的线路，追踪爸爸的定位，骑着摩托车就来了。

我恨他，却也很怕他再把我丢在风雨之外。

爸爸和妈妈是读书时谈的恋爱，毕业后分配到同一所学校，然后结了婚，有了我。

妈妈性格急躁，爸爸慢悠悠的。妈妈说我是爸爸带大的，爸爸给我换尿布、泡奶粉，抱在院里看星星。妈妈教我种小豆苗，爸爸教我看云——"云行北，好晒谷，云行南，大水漂起船"。

妈妈在院子里种了一排玉米、两行辣椒、几棵茶树和一窝月季。月季花不开的时候，爸爸就会从外面买花儿回来送给妈妈，他说："我想让你天天有花看。"妈妈说他浪费钱，他更下了血本给妈妈买了一条钻石项链。妈妈每天都戴着。

是啊，妈妈在的时候，爸爸多么温柔、上进、风度翩翩。怎么会变成现在这样一个乞丐似的疯子？

突然，天亮了，高高的云墙向我们缓缓推来，一道清晰可见的线状闪电划破天际。凌云飞连续拍了好几张。

"闪电，是积雨云的云间、云中或者云地之间的放电现象。"凌云飞激动地说，"看啊，这次的台风沙娜，它带来许多云地闪电。"

凌云飞整理了摄像机，然后把手机递给我："小睿，你替我用手机录。我用摄像机。"

凌云飞突然说："你还记得妈妈身上的黑影文身吗？"

我当然记得，我偷偷看过卷宗。黑影文身在尸检时已经消失了，所以并未记录在案。

无目击证人，无监控，身上多处软组织挫伤，致命伤为头部钝器外伤，结合当日天气和周围建筑物倒塌情况，推测属于天气导致的意外事故。

"你妈妈身上的黑影，是闪电留下的。她遇害时，闪电正好将周围的信息刻在了她身上。闪电刻录的文身在人体待不了多久，很快就消失了。那一场闪电刻录下了黑影，一定也会留下别的信息。因此我在一次次追逐台风中，希望有奇迹发生。"

雷声像山一样低声压过来，压得我们喘不过气。

很多人不理解他为什么追逐风暴。

原来，他追的不是风，而是风暴里的

闪电。

无情的风或许会吹走真相，但凌云飞相信，闪电会如实地记录一切。

凌云飞曾经是国内第一梯队的气象专家，目前也是国内有名的风暴摄影师，但他这个说法过于离奇，我还真不太相信。可心里无可避免地软和下来了，这总比别人说"有鬼缠着妈妈，妈妈注定要死"的说法让我好接受。

司机已经偏离省道，穿行在一片茶叶地里。

我看过风暴纪录片，追风之路往往不遂人愿，有时候可以借公路，大多数时候要走森林、野地、沙漠，只有最精通地形的乡下人才知道怎么走。

"老哥，你换个人肯定走不了这路。我跟你说，这条小道也就我知道了。"

凌云飞在调试机器，让他再快些，随后又补充："你五十九了吧，我可不是你哥。我今年才五十三呢。"

"你怎么知道我多大……啊！"司机叫了一声，差点被一个东西迎头撞上。

他向右打死方向盘，我狠狠撞在窗玻璃上，又是一阵眩晕。

凌云飞咳嗽了两声，然后笑起来："快了，我们接近它了！"

外面风雨很大，他扯着嗓子和我说话，有些癫狂："你看，无人机发回了数据，中心位置118.73° E，24.76° N。风力风速：15级 52米/秒。中心气压：835百帕。移速移向：140公里/时。风圈半径……就好像是它回来了一样！地形、空气湿度……这场风暴的所有信息和当年几乎一模一样。我等到了……"

"这有什么意义？你还原那场台风，然后呢？你能得到什么？你只是作茧自缚而已。难道你能阻止2003年的那场台风吗？"

"小睿，你看。我在2016年的一场拥有相似数据的台风里，拍到了这个。"

他递给我一张照片，又说："故宫宫女、玛奥山谷。"

乍一听，这是两个完全不相干的词汇。但我瞬间就懂了。

他是研究闪电和暴风雨的专家，家里墙壁上挂满了各种各样的照片和图解，以及与暴风雨相关的奇闻逸事。

故宫宫女灵异事件出现于1992年，在一个雷雨天，故宫的红墙上竟有宫女走动嬉笑的身影，游客们以为是鬼影显现，吓得半死。有分析说是因为故宫的红墙有四氧化三铁，闪电将故宫影像刻录下来，在相似的另一场雷雨中，播放了出来。也有专家对此事件辟谣，认为是编撰的。

玛奥山谷也有类似的传闻，雷雨交加之时，山谷的磁铁矿会释放出古时两军交战的喊声。

我再看手上凌云飞在六年前拍到的照片，顿时明白了——这难道是凌云飞拍到的案件现场重现？

照片上是一个女人的背影和一个男人的半张正脸，男人大约三四十岁，典型的眉压眼，眼眶和眉毛处鲜血淋漓。因为像素不高，其他细节并不清楚。

可那个女人的身影，我到死也不会忘。

③

白衬衫，若隐若现的钻石项链，马尾辫。

是我妈。

难道闪电真的可以成像，甚至还能重复成像？不在同一个地点也可以吗？

闪电到底蕴含多少信息？

"闪电来自天空，自古以来就被人们赋予各种想象。"凌云飞缓缓说，"一个中等强度雷暴的功率可达一万千瓦，相当于一座核电站的输出功率。除了巨大的能量，闪电中还储存着海量的信息。"

"你们在说什么？"司机吼道，"都什么时候了，命都要没啦！"

我们的车就像是狂涛里的一片苇叶，被风轻而易举地卷起，混合着山石、树木和其他不明物。

耳边是火车碾压过头顶的轰鸣声，又像是数万头疯兽的嚎叫。

我忍着头疼和呕吐的冲动，死死拉着车的把手。

我看到凌云飞拼了命地护着机器，将机器钉在车窗上。

大风和暴雨中，我们能见度很低，但他仍然幻想着能拍到些什么。

我们就要葬身暴风雨了。追风，本身就是自不量力、以卵击石的举动。

司机喘着粗气，大喊着："要死咯，为你这五万块，老子要把命搭上！早知五十万也不干！"

凌云飞如同吃了秤砣，他努力地控制着稳定器和摄影机，眼睛一直在往四周扫射，目光像是一把钩子，不想放过任何一张影像。

他喃喃道："这次的参数这么像，怎么可能什么都没有呢？"

其实我心底有一个猜想。凌云飞在我妈去世后已经疯了。奶奶告诉我，我妈是回去撑雨棚的过程中，被风暴中的乱石击中去世的。

但凌云飞……我爸，不认同。

也许他从那时候起，就已经陷入了自己的妄想。他坚称我妈是被人杀害的，因为我妈妈死也不肯闭上眼睛。还有我妈身上那个出现又消失的黑色文身，证明了现场还有其他人。但风暴破坏力太强了，即使有证据，都已经被大风大雨抹去了全部痕迹。

我恨我爸，他不让我妈入土为安，直到付不起续租殡仪馆冰柜的钱，才在外公外婆的逼迫下下葬。他疯了，还让我不得不生活在对我妈真实死因的猜测里。我报考了警校，就为了世界上少这么一些悬案，少这么一些遭受痛苦的家属。

我爸在我妈去世以后，生活里只剩下追风。他说风暴原本就是他的研究领域，有一天他会和我妈重逢。

他刚刚拿出的那张照片，点燃了我为妈妈讨回公道的希冀。因为我心底存着这么一个期望，于是在那样的情境之下，很容易掉进凌云飞的陷阱。

万一，这张照片是他自己 PS 的呢？他已经分不清现实和梦境，混淆了过去和未来。我亲耳听见他在梦中一次次呼唤妈妈的名字。

他早就疯了吧。他PS一张图，把自己骗过去，还试图把我骗过去吗？

"凌云飞，我真是傻了才会跟你来这里，我们一家真的要团聚了，去地底下团聚。"

"你们团聚别拉上我啊——我不想死！"司机放弃了开车，双手抱头。

此时我们大约在空中五十米，掉下去肯定必死无疑。幸而风时重时缓，声音却渐渐小了。

凌云飞、司机都吐得一塌糊涂，车渐渐停止了旋转，然后挂到了什么东西上。紧接着，一个重心不稳，我们一顿一顿地往下坠，就像不受控制的电梯一样。

凌云飞说，这是暴雨带之间的平静缝隙。刚刚那种被暴风雨包裹起来的龙卷风，就是"熊笼"——赤手空拳面对熊那般可怕。

司机尖叫一声："我的腿！腿！"

凌云飞转来看我："小睿，怎么样，没受伤吧？"

我摇摇头。

突然间，雨帘像被掀开了一角，我们走进了一个芥子世界。

安静，无雨，平稳得连呼吸都不敢放太重，似乎什么都没有发生。

"我们是不是和台风擦肩而过了？算是得救了吧？"

凌云飞摇摇头："我们正在台风眼里。"

在难得的静谧里，天还是昏暗的。我看手机，已经是晚上七点钟了。

台风眼内能看见远方的闪电。

凌云飞把司机拖下车，然后把车钥匙给了我。

他对我说："快，开车找个山洞躲起来。"

"那你呢？"我问他。

"那我呢？"司机问我们。

这是我第一次看见司机的全脸，因为受过训练，我立刻认出他和照片有七成相似。难怪凌云飞和我说暗语，他是故意把此人带来这里的，这根本不是他随机找的老乡向导。

我想都没想就开门下车，要和凌云飞一起把司机拷回去。可凌云飞像一尊石像般静止在原地。

大雨开始斜斜地打进来，暴风雨在转移，我们很快被它覆盖了。我被淋得浑身湿透了，冷得要死。

我刚要靠近司机，想从背后偷袭他。

"你快回去吧！大雨天在这干什么？"

嘈杂中，一个女声响起。

我吓了一跳，和司机一起回头四处看。

难以想象的画面出现了。

它是陡然出现在对面的山石上的。因为太突然，太大，太匪夷所思，所以极富有冲击力。

我瞪大了眼睛，紧紧握着手机。

我不想错过任何一个画面，不想错过任何一个音节。

因为，这声音我已经二十年没听过了。

凌云飞说，每一次闪电，都是对环境的刻录，在相同条件下，极有可能重现场景。凌云飞在每一次穿越风暴时，都在期望能够看到当年的真相。

画质是彩色的,像小时候村口播放的露天电影。不够清晰但能辨认出主要的场景和人物。

白衣服马尾辫的女人,浑身湿透了,正在用肩膀扛起一块木头,绑在被风吹折的竹竿上,让雨棚更加结实。她身后是即将出穗的玉米,绿绿黄黄的。

是妈妈,我泪盈于睫。

她还是这么年轻,这是她把我关在家里以后发生的事情。

一个男人出现了,我妈给男人递了一根玉米,我妈说:"这么大雨,危险,快回家吧!"

可是男人却没有走,而是冲上去将我妈扑倒在地。

我妈说:"你不要命了,台风马上来了,很危险!"

我和凌云飞都看得目不转睛,因为这是我妈死去的真相,是爸爸追风二十年想要看到的真相,也是我那道待解开的魔咒。

这时老五却拖着伤腿跑了,他惊慌地念叨着"不可能,不可能,有鬼啊"。

凌云飞已经追去,我几个跨步将老五踢倒在地,然后将他扔进车里,掏出手铐锁在车的方向盘上。

画面上,我妈的声音越来越尖锐,渐渐演变成哭声。

闪电的镜头有随机性,不停地出框又入框。

过了一分钟左右,画面中闪起一阵强烈的闪电,亮得如同曝光过度。

男人重新出现在画面里,眼部已经受伤,额头都是血,和凌云飞在2016年拍到的画面类似。

想来是被我妈弄伤的,我良好的体格其实是遗传了我的妈妈。可这远远不够,男女体型和体力的差异太大了,何况我妈没下狠手,那男人却是铁了心要杀人的。

男人举起手里的木头,朝着我妈后脑勺狠狠打了两记,我妈再也没有爬起来。又一阵闪电里,男人扯了扯我妈的脖子,探了她的鼻息,然后捂着裆部一瘸一拐地跑了。

雨渐渐大了,画面渐渐消失了。

凌云飞打开车门,狠狠给了老五两拳,把他揍了个鼻青脸肿,又踹了两脚:"你杀了她,你杀了她!我要杀了你啊!"

"我记不得了,我脑袋在台风里受伤,我不记得了……求求你饶了我……你饶了我,别把录像交给警察,饶命啊,我给你做牛做马!"

妈妈被害的画面,给我的冲击不小,我很想杀了眼前这个人为妈妈报仇。但残存的理智让我还保留着一丝警察的纪律性。

我吼道:"你为什么要杀她?她好心提醒你回家,还给你玉米吃,你竟然起了邪念杀人。你这个禽兽,我会让你坐牢!"

凌云飞的胸口剧烈地起伏,他肯定在想,他那么好的妻子,怎么会被一个愚蠢的恶人冲动地杀害了,而凶手竟然还逍遥法外这么多年,都怪这该死的暴风雨。

老五在凌云飞的拳脚下东躲西闪，像一条狼狈的野狗。

我怕凌云飞真的把老五打死。暴雨夹着冰雹越来越重，风暴随时可能迅速回袭。老五不安分地乱动，试图启动汽车。

我赶紧上车，把他挤到副驾驶座，我打算由我开车，带上爸爸回家。

可就在这时，山崩般的轰隆声再次呼啸而至，飓风又来了！

我只好往另一侧打方向盘，免得伤到凌云飞。

老五龇牙咧嘴地和我争夺方向盘——他想撞死凌云飞！

汽车的油门被重重踩下，车在暴风的作用下速度更快了。我使出了浑身力气和老五在狭小的车厢里争执搏斗，我死死地踩着刹车，拉上手刹。老五竟然用伤腿一直踩着油门——这家伙的伤八成是装的，真是个坏透了的小人。

汽车在我们的搏斗中完全失控了，凌云飞在风里边喊边追，我渐渐听不清他的叫声。

细碎的冰雹和硬币大的雨点啪啪啪地砸在车顶上，我屏住了呼吸——车在风的作用下往前滑去，车轮悬空了。

幸好有一棵小树卡在车头处，才阻止了车继续往下掉，但估计也支撑不了多久。我浑身冷汗直冒。

"你要干什么？不想活了吗？"车身已经有三分之一悬空在崖边，为了保持平衡，我和老五谁也不敢动。

凌云飞跑了过来，他蹲低了身体，他知道，飓风的平静只是暂时的，一不小心我们三个都要死在这里。

"老五！放开凌睿！小睿倒车！回来！"

"你反正要弄死我了，我拖上你女儿，不亏！"

"你要什么我给你，把凌睿放了！给你十万，行吗？"

"当我是傻子吗？你现在就把手里的摄像机砸水里去，砸坏！不然我会往前倒，让整辆车都掉下山谷。让你女儿陪我上路吧！"

他逼凌云飞在我和二十年的追风成果中作选择。

我笑起来，杀人犯并不知道，凌云飞早就选过了。

二十年来他对我不管不顾，追寻妈妈死去的真相是他活着的唯一动力，比他自己的生命还重要。他犹豫一秒钟，都是对他二十年追风的不尊重。

他那么爱他的妻子，那么希望能给她一个交代。

我闭上眼睛，等待死亡的倒计时。

凌云飞几乎是爬过来的，他满脸都是血，嘴微微张着，当着老五的面，将手里的摄像机重重地摔在巨石块上。

他当作宝贝一样的摄像机，跟着他出生入死的摄像机，多么脆弱，玻璃和黑色的机壳四处飞溅，很快就变了形。

没救了。

"爸！你傻的啊！干吗听他的！"

他抹掉脸上的血和泥水，豁着门牙说："你才傻，东西哪有人重要。"

他尽量说得轻描淡写，但沉重的眼神出卖了他的思绪。

刚刚录下的影像，凌云飞苦苦追寻了二十年，以生命为赌注和百余场暴风雨搏斗，才拍摄到的有可能将杀人犯绳之以法，替他心爱的妻子复仇的影像资料，没有了。

真好似竹篮打水一场空。

我不知道哪来的力气，趁老五在窃喜时，用车上的茶缸砸向老五的眼睛，然后迅速倒车。

我早已经泪眼模糊，二十多年的委屈一笔勾销，对爸爸选择了我感到意外和欣喜，又觉得可惜和愤恨，更为爸爸和妈妈难过，心里酸胀无比。

我停好车，把老五拖下地，押着他跪在我爸面前。

老五捂着眼睛笑了："她就是意外死的嘛……你们哪里弄的假影像骗人，想赖我的五万块是不是……"

我们都知道，过于强悍的暴风雨抹去了当晚的痕迹，警察也无法查出什么，才让这个罪犯逍遥法外。只有爸爸从妈妈诡异的文身上察觉出端倪，沿着闪电找突破口，才一步步走到了今天。

"她晚上一个人出门，随便给男人吃的，也不是、不是什么好女人……"

我爸常常懊悔，如果那一晚他没有去气象监测站，而是陪我妈妈去大棚，是不是一切就不会发生。杀人凶手这时候还在往他最痛的伤口上撒盐。

爸爸痛苦地怒吼，他瞪大了双眼，随手捡起一块大石头，活生生敲下了老五的一颗门牙。

老五的惨叫声响彻山谷，满嘴是血，极度惊恐，像看一个地狱里爬出来的恶魔。凌云飞掐着老五的脖子："没有口供，没有影像，没关系，法院判不了我来判。我查了你这么久，早就做好准备了。今天，我也要做一个杀人犯！"

老五听完像一只田鸡一样，疯狂地蹬着腿，却无法摆脱凌云飞钳子般的手。

他敲下老五第二颗牙、第三颗牙、第四颗牙……他的神态从愤恨逐渐变得平静。二十年的怀疑、执着、不甘、怨恨、想念……说出来是简单的一行字，可对于他而言，是难熬的七千三百个日日夜夜，是真实的自我放逐的人生，是午夜梦回一场空，是暴风雨里的期待和心痛。所以此刻说不上喜或悲，他选择了沉默。

他二十年前早就想死了，杀了老五之后再死也值了。

我这才知道，我爸原本就没打算让这个凶手回去，不管有没有看到影像，他都做好了同归于尽的准备。

只是我的出现打乱了他的计划，所以他一开始才那么生气。

爸爸对我说："小睿，对不起。爸真的对不起你。世界上每个人，都为了创造生活而忙碌着，只有我，每时每刻都在对抗痛苦。"

老五没想到我爸一个体面人，居然真的要豁出一切杀了他。

他意识到不对，苦苦求饶："我给你钱……别杀我。"

"我会让你死无全尸,死无葬身之地。还有十分钟,台风眼就要过去了,强风暴会重新掠过这里。十分钟后,你会求生不得求死不能,享受被暴风雨撕扯凌迟的感觉。"

凌云飞一步步走向老五,如同化身为风神,要荡平世间一切污秽。

可是我不能让他走,我不想失去爸爸——

"爸!还有证据。我是警察,你相信我。"挂在脖子上的手机撞击着我的胸口,让我想起了另一丝希望,"你的手机一直在录像,已经备份了。爸,相信我,我会让他被法律制裁。"

"可是法院不会采信的,这不是正规的监控,不是正式渠道的证据。闪电录像只存在于都市传说中,没人会信的。小睿,你知道我做这个研究,受了多少白眼吗,业界都以为我发疯了,中邪了,搞封建迷信。"

"可今天这一切都证明你是对的。我看见了,爸爸你是对的。爸爸……你不能再丢下我了。"

爸爸垂下头,无声地哭了。

我抱着爸爸,就像小时候他抱着我:"妈妈走了,你还有家人。我相信你,妈妈一定也相信你。你是妈妈的英雄。"

最终,我和爸爸躲过了风暴,我将被打晕的老五五花大绑带回了公安局。

同事按嫌疑人口供已经还原现场,和视频画面差不多。

但很遗憾,法院是否会将闪电刻录的视频作为证据,还无法判断,各部门正在讨论中。甚至有人说,这可能是AI合成的影像。

阳光灿烂,碧空如洗,爸爸站在荒废多年的院子里,将黏糊结块的土壤翻松,除掉杂草,重新种上玉米、辣椒、茶树和月季。

他挥汗如雨,边锄地边说:"小睿,没关系。我会等,等到下一场相似的风暴来临,还能重现当日场景。到时我会向全世界直播。哪怕要等上五年、十年,还是五十年,我一定会等到的。"

"不,爸爸,我会把它办成铁案。我找到了妈妈的项链。"爸爸一愣,扔下了手中的锄头,目光好似越过我,看见了多年前的举案齐眉,赌书消得泼茶香。

我反复观看视频,发现老五杀害我妈后,摸了她的脖子——我猜测是抢走了妈妈珍爱的钻石项链。

我带着同事们蹲点老五的养子,还真从养子那里搜到了项链,作为重要的物证。养子知道项链是好东西,不让老五卖掉,想留着做彩礼娶媳妇,这才减少了我们寻找项链的难度。

我帮爸爸捡起农具:"爸爸,有了项链和口供,我们可以给妈妈一个交代了。"

他今后可以只因为热爱而追逐风暴,不用再背负着仇恨和懊悔,在风雨中一次次迎接失落。

他一定会在千万云层中与妈妈不期而遇,再次看到闪电那穿越岁月、耀眼多姿的光芒。

失败的濒死实验

*被未温

所谓濒死实验，是让人处于并保持濒死状态。这个研究的意义在于，人在濒死状态，可以看见已经去世的亲人好友……

1

父亲接受濒死实验后已经过去一周了，母亲一直陪在观测室的病床前，我也坐在床边观测他的心率。

正对着病床的，是一幅年轻女子的肖像画，那是我在实验空闲期打发时间画的油彩，同僚都夸赞说画得好，于是起哄着簇拥着将它挂在了观测室内。

所谓濒死实验，是让人处于并保持濒死状态。这个研究的意义在于，人在濒死状态，可以看见已经去世的亲人好友。濒死实验在全球方兴未艾，仍然存在很多未知和风险，濒死者是否能顺利活过来？濒死世界是否危险？濒死后遗症有哪些？我们都没有把握，因此愿意接受实验的人少之又少，但是我的父母毅然作为志愿者参与了进来。

作为濒死实验的一名研究人员，我阻止过，但他们执意如此。我明白他们固执的原因。

2

我们家失去过一个家人，我的妹妹。

20年前，我们一家人去游乐园玩，游乐设施出了故障，从高空坠落的零件将妹妹砸死了。

我目睹了一切，目睹了她那小小头颅被砸变形的样子，目睹了她眼珠子暴突的模样，从此她在我心里成了一个阴影和梦魇。但对爸妈来说不这样，过去那么多年了，他们还是想她。

我无法理解这种感情，虽说是亲妹妹，但有关于妹妹的回忆就只剩了那一幕头颅凹陷的惊悚，再无其他。

"妈妈，我来陪着爸爸，你去休息一下吧。"

"我没事，你才是要休息好，不要耽误你做研究。"

"上一批的濒死实验者还没有全部醒过来，实验没有办法继续，你休息一下吧，我来守着。"

"好。"

这时床边的仪器发出了声响，父亲的手指动了动，他醒了。

只见他缓缓睁开浑浊的双眼，用微不可闻的声音说："我看见囡囡了。"嘴角还带着一抹满足的微笑。

3

"你真的看见妹妹了？"

"对，我看见她了。她长大了，出落得很漂亮。"爸爸的嗓子沙哑，但也顾不得喝水，喋喋不休地说道。妈妈在一旁认真地听，眼中满是向往。

"你见到的，是长大后的妹妹？"

"对。"

我一边写记录一边点点头。

"那濒死世界给你感觉是怎样的？"

"我说不清。感觉有些虚幻。"

"你的身体现在感觉有什么异样吗？"

"有些晕晕的，但是还好。"

"囡囡在那边过得好吗？开不开心，身体健康吧？"趁着我写字的间隙，妈妈急不可耐地问。

"很好，她还冲我笑。"爸爸搭上妈妈的手。

爸爸的实验很成功。

4

"你们之前答应过我，各只做一次濒死实验，记得吗？"我向妈妈确认道。

"记得，就这一次了。"妈妈急切地看着我手中的毒药。

我将药片递给她，她毫不犹豫地拿了过去。

"我也能见到囡囡，对吗？"

"对，躺到床上吧，妈妈。"我帮她把枕头放好，好让她进入放松的状态。

她将药吃掉，在闭上眼的最后一刻，看见的是我画的那幅油画，画中那个年轻的女子。

"放轻松，药效还没那么快起作用。"

"谢谢你，儿子。"她闭着眼，轻声说。

我沉默。

"我们知道一直以来对你亏欠太多了，这是最后一次，实验做完后，我们就能真正放下她了，妈妈保证。"

我在医护人员们准备急救器材的声音中，勉强听清她蚊子声般的承诺。

5

"王主任，器材都准备好了。"戴着口罩的抢救组组长对我说。我和她交换了一个眼神，实验开始。

毒发的时候，妈妈的表情很狰狞。爸

爸在一旁看得脸色发青。

我将手放在爸爸的背后："爸，要进行抢救了，你先出去等吧。"

"好。"他有些慌张，把门关上之前还往里看了看。

"咔嗒"，我将门锁上——

6

这次实验妈妈苏醒得很快。

我放下手中的外卖盒，扶她起身，给她接了杯水。

"感觉怎么样，还好吗？"

"我也见着囡囡了。"妈妈含泪说道，语气中满是喜悦。

"你别激动。先喝口水。"

"儿子，她笑起来和你太像了。"

我好像很久没有笑过了。

"儿子，我什么时候可以再接受实验，能不能快些？我答应了还会再去看她的。"

我从椅子上猛地站起来，因为用力过猛，椅子往后翻倒："妈，你忘了吗？你答应我只做一次实验的。"

"可是，可是你看我，现在好好的，我觉得服毒副作用不大，我身体没问题的。"

"什么意思？你跟她做的约定就要遵守，跟我说好的就不算数吗！"

"我不是这个意思，你看我们好不容易送你进国家研究所，送你进这个研究项目，费了这么多心思，总不能……"

我强忍眼泪冲她点点头："我就知道，你们为了你们的女儿，把我的人生全都安排好了，我就是你们的一个工具。爸爸现在还在隔壁躺着养身体，也说还想再做一次实验，我呢？我是什么？"

"乐谦，你不要这么说，妹妹很漂亮也很可爱，不如，不如你也做一次实验试试，就能明白我们的感受了……"

我不可置信地望向她，仿佛在我面前的，不是我的妈妈，而是一个疯掉的陌生人。过了良久，我闭上双眼："好。"

7

濒死实验以实验内部人员王乐谦的死作为结束。

他的尸检报告牵扯出一桩利用实验课题骗取国家研究资金的丑闻，让濒死实验遭到封禁。

"怎么可能？濒死实验怎么可能是假的？"王乐谦的妈妈在警察面前撕心裂肺地吼。

警察叹了口气："尸检报告显示他是服用过量致幻药死的，这个研究的报告中从头到尾都没有过致幻药，稍微一查就都明白了。你自己去问那些研究人员吧。"她被警察赶出公安局。被架出去的时候还一直在吼叫濒死世界绝对是存在的。

我将手搭上她的肩膀，她神经质地将我的手甩开。

"你是谁？"

"我是刘悦，研究室的抢救组组长。乐谦的同事。"

她急急地抓住我的肩膀："你告诉他们，濒死实验是真的，我和丈夫都见过我们的女儿，怎么可能是假的？"

"你的儿子都死了，你们还只是关心濒死实验吗？"

她安静下来，手缓缓地垂下，喃喃道："那是乐谦的心血。"

"你认真看看我的样子，眼熟吗。"

她盯着我，过了好半晌，嘴唇颤抖着："怎么会，你怎么长得那么像囡囡？"

我摇摇头："濒死实验早在乐谦进入这个研究课题前就进行不下去了。老一辈的研究人员为了科研资金，用虚假的实验报告尽力拖住这个课题不让它结束。后来乐谦才知道这件事。"

"他不忍心告诉你们这个实验是假的，就用致幻药和催眠手段让你们以为自己看见了女儿。你看我像不像病床前的那幅画，那幅画画的就是我。那是催眠的暗示工具之一，那样你们能在服用致幻药之后看见我，把我错当你们的女儿。"

"你撒谎！你又不了解乐谦，乐谦就是为了见他妹妹死的！"

"乐谦是自杀的！！"我吼道，眼泪一滴滴落下。

女人愣住，满脸的不可置信。

"我是乐谦的女朋友，你们还不知道吧。除了他的实验，你们根本就不关心他，他患有抑郁已经好几年了，得知你们安排他进入这个研究课题之后病情加重，恰好我研习心理学，帮他排解了不少，我们就在一起了。你们想要进行濒死实验，他不想让你们失望，也希望你们能放下往事，就和我一起策划了虚假的濒死实验。"

"你们答应他只进行一次实验的，但是你们食言了。"

"你们从来就没有在乎过他的感受。"刘悦哽咽着说。

8

"阿悦，我想结束这一切了。"刘悦赶到实验室的时候，王乐谦手里握着那瓶致幻药，这么对她说。

"不要，乐谦，你说过你会撑过去的。"

"我太累了，"他苦笑着说，"不论我怎么努力，对爸妈多么顺从，他们心里却只有死去的妹妹，没有我。"

"没有人能比你更明白我的处境吧。你知道看着他们毅然接受濒死实验，把我抛在一边的感受吗？你知道在他们昏迷时我每个夜晚都胆战心惊夜不能寐吗？可他们醒来的第一句话都是，我见到囡囡了……那时候起，他们就不再是我的避风港，那一刻我孤立无援，想着，还不如死了算了。"

"你还有我啊，听话，把药给我。我们可以远离你的父母，一起生活。"刘悦见他的样子，一副云淡风轻，她知道，这是一个人崩溃的模样。

他摇摇头："我已经不知道要怎么去爱了。对不起，我太累了。"王乐谦的眼神空洞洞的，布满血丝，却一滴泪没流。

刘悦扑过去，从他的手中夺过药瓶，却错愕地发现药瓶已经空了。

"你是什么时候把药吃下去的？"

王乐谦将刘悦抱入怀中，紧紧地箍住，好让她远离急救按钮："陪陪我，我别无所求了。"

"我不知道什么是爱。但如果爱是一种发号施令，那我希望你不要救我。"那是王乐谦说的最后一句话。